Scoprire i Giochi Gratuiti Online

Disponibile Qui:

BestActivityBooks.com/FREEGAMES

5 CONSIGLI PER INIZIARE

1) COME RISOLVERE LE PAROLE INTRECCIATTE

I puzzle hanno un formato classico:

- Le parole sono nascoste senza spazi o trattini,...
- Orientamento: Le parole possono essere scritte in avanti, indietro, verso l'alto, verso il basso o in diagonale (possono essere invertite).
- Le parole possono sovrapporsi o intersecarsi.

2) APPRENDIMENTO ATTIVO

Accanto ad ogni parola c'è uno spazio per scrivere la traduzione. Per incoraggiare l'apprendimento attivo, un **DIZIONARIO** alla fine di questa edizione vi permetterà di controllare e ampliare le vostre conoscenze. Cerca e scrivi le traduzioni, trovale nel puzzle e aggiungile al tuo vocabolario!

3) SEGNARE LE PAROLE

Puoi inventare il tuo sistema di segni. Forse ne usi già uno? Per esempio, puoi segnare le parole difficili da trovare con una croce, le parole preferite con una stella, le parole nuove con un triangolo, le parole rare con un diamante, e così via.

4) STRUTTURARE L'APPRENDIMENTO

Questa edizione offre un **TACCUINO** alla fine del libro. In vacanza, in viaggio o a casa, puoi organizzare facilmente le tue nuove conoscenze senza bisogno di un secondo quaderno!

5) AVETE FINITO TUTTE LE GRIGLIE?

Nelle ultime pagine di questo libro, nella sezione della **SFIDA FINALE**, troverete un gioco gratuito!

Facile e veloce! Dai un'occhiata alla nostra collezione di libri di attività per il tuo prossimo momento di divertimento e **apprendimento,** a portata di clic!

Trova la tua prossima sfida su:

BestActivityBooks.com/MioProssimoLibro

Ai vostri posti, pronti...Via!

Sapevi che ci sono circa 7.000 lingue diverse nel mondo? Le parole sono preziose.

Amiamo le lingue e abbiamo lavorato duramente per creare libri di altissima qualità. I nostri ingredienti?

Una selezione di argomenti adatti all'apprendimento, tre buone porzioni di intrattenimento, una cucchiaiata di parole difficili e una spolverata di parole rare. Li serviamo con amore e entusiasmo in modo che tu possa risolvere i migliori giochi di parole e divertirti imparando!

La vostra opinione è essenziale. Puoi partecipare attivamente al successo di questo libro lasciandoci un commento. Ci piacerebbe sapere cosa ti è piaciuto di più di questa edizione.

Ecco un link veloce alla pagina dell'ordine:

BestBooksActivity.com/Recensione50

Grazie per il vostro aiuto e buon divertimento!

Tutta la squadra

1 - Scacchi

```
Д Ъ А Л Я С Й Л О Ь Т О Р К
Ъ И Ч Н Б А Б Х М Ж Ж С Ц О
Т Ш А М П И О Н Я Н Л Б К Н
П К С Г Н Т Л О П Б Л К Ь К
А Р Х Х О Я Ш К А Щ Я Р Ш У
С А О С В Н П Р А В И Л А Р
И Л У Т В У А А В Ч Ж Щ Г С
В И М Р И А Г Л Ж Е Р Т В А
Е Ц Е А Г В Ч Е Р Е Н Й Т Т
Н А Н Т Р Ю Н И Ь Е Р Е О У
Щ Х Д Е А А Ъ И Г Р А Ч Ч Р
Ю А П Г А Ж Ь Ч К Х К Ъ К Н
Й П Х И Г Щ Щ Г И Ъ Т В И И
Щ Я Ъ Я Ц Х Ч Е Ч Б Е Р П Р
```

ПРОТИВНИК	ПАСИВЕН
БЯЛ	ТОЧКИ
ШАМПИОН	КРАЛ
КОНКУРС	КРАЛИЦА
ДИАГОНАЛ	ПРАВИЛА
ИГРАЧ	ЖЕРТВА
ИГРА	СТРАТЕГИЯ
УМЕН	ЧАС
ЧЕРЕН	ТУРНИР

2 - Aggettivi #2

```
С П Р О Д У К Т И В Н И Ч Д
Г О П И С А Т Е Л Е Н Н О Р
Н Л Л Ц У Х Я А Я Л О Т Ф А
Г Щ А Е Х Б К В Щ Е В Е Х М
Д Х И Д Н Й Г Т О Г Ь Р Ь А
Ь С З Р Е В М Е Т А Ф Е Т Т
Х П В З П Н Ц Н Г Н Г С В И
Г Р Е Д Ч И С Т О Т Е Н О Ч
О И С Р Ж У Л И В Е Ч О Р Е
Р Р Т А П О А Ч О Н Р Д Ч Н
Д О Е В Т М Д Е Р С И Л Е Н
Г Д Н Х Ф Ф Ъ Н Е Х К Й С Ж
Х Е Ф Ь У Щ К Р Н Ш Б В К Г
Т Н О Р М А Л Е Н Й Л О И Т
```

ГЛАДЕН	ИНТЕРЕСНО
СУХ	ПРИРОДЕН
АВТЕНТИЧЕН	НОРМАЛЕН
ТВОРЧЕСКИ	НОВ
ОПИСАТЕЛЕН	ГОРД
СЛАДЪК	ПРОДУКТИВНИ
ДРАМАТИЧЕН	ЧИСТ
ЕЛЕГАНТЕН	ОТГОВОРЕН
ИЗВЕСТЕН	СОЛЕН
СИЛЕН	ЗДРАВ

3 - Mobili

Р	О	Я	Ц	Н	П	К	И	Л	И	М	Ж	О	К
А	М	Г	Ю	Я	С	Е	Б	Х	О	М	И	Ш	У
Ф	А	Я	Л	Л	Ж	С	Й	Л	Л	Л	М	В	Е
Т	Т	Ц	Л	Е	Н	М	Х	К	Л	Е	Г	Л	О
О	Р	О	Ф	Т	Д	И	Ь	Х	А	М	А	К	Ь
В	А	У	Ж	Ф	Ф	А	Е	Ф	Щ	Ю	Ф	П	С
Е	К	А	Х	Т	У	Х	Л	Х	Т	И	Д	Е	Щ
Ю	Ч	Й	Й	У	Б	Ю	Р	О	Ъ	И	И	Р	Ш
В	Ъ	З	Г	Л	А	В	Н	И	Ц	И	В	Д	Ж
Ж	П	Н	Ь	Х	У	Ш	Л	А	М	П	А	Е	Ч
С	Т	О	Л	Х	Ю	К	Ф	У	Т	О	Н	Т	И
Б	Ш	У	И	Х	Х	А	Е	Ф	Щ	Л	Ь	А	К
Я	Ч	А	Д	С	Л	Ф	Л	Й	Р	Л	Ю	С	С
Г	В	Ъ	З	Г	Л	А	В	Н	И	Ц	А	Й	Я

ХАМАК
ШКАФ
ВЪЗГЛАВНИЦИ
ВЪЗГЛАВНИЦА
ДИВАН
ФУТОН
ЛАМПА
ЛЕГЛО

МАТРАК
ПЕЙКА
РАФТОВЕ
БЮРО
СТОЛ
ОГЛЕДАЛО
КИЛИМ
ПЕРДЕТА

4 - Pesca

```
Г О Т В Я Ъ Д М Й Л Ю Ь О Г
О Х С Н О Б Р Т Д Т Ц Р И Ж
Т К П Л А Ж П В О Д А У Ч Ф
Ъ О Е Б В В С Ж Ж Щ Н Р Р Т
Р Ш Р А А П Е Ц П Л Ш Ж П Е
П Н К Л Н Е З Е Р О Ь Й Е Т
Е И И Ч О Б О Р У Д В А Н Е
Н Ц Ц Т Е Н Н Х К Р М Т Ц Г
И А В Б К Л Ш М У Ъ Е Р У Л
Е О К Ь У Н Ю Т К Ж Л К Л О
Х Р И Л Е Т Ч С А Ц Д Ь А Л
О Ч Я Л Й А Л С Т Р Ъ В Д Ч
П Р Е У В Е Л И Ч Е Н И Е К
Щ Ц Х Н У Д Л О Д К А М П Е
```

ВОДА	КУКА
ОБОРУДВАНЕ	ЕЗЕРО
ЛОДКА	ЧЕЛЮСТ
ХРИЛЕ	ОКЕАН
КОШНИЦА	ТЪРПЕНИЕ
ГОТВЯ	ТЕГЛО
ПРЕУВЕЛИЧЕНИЕ	ПЕРКИ
СТРЪВ	ПЛАЖ
РЕКА	СЕЗОН

5 - Aggettivi #1

И	Д	Е	Н	Т	И	Ч	Е	Н	Я	Г	О	Т	А
А	М	К	Ч	Е	С	Т	Е	Н	Ю	О	Г	Ъ	Р
Р	О	З	К	Л	Ц	Ь	Б	Ц	В	Л	Р	Н	Т
О	Д	О	Щ	Л	Е	Н	А	Г	М	Я	О	Ъ	И
М	Е	Т	Ф	Ц	Н	Щ	В	В	Л	М	М	К	С
А	Р	И	Т	Щ	Е	В	Е	Ю	А	Ь	Е	А	Т
Т	Е	Ч	Й	Е	Н	Б	Н	Д	Д	Ж	Н	Б	И
Е	Н	Е	Ц	С	Ж	В	Щ	Н	Ъ	И	Н	С	Ч
Н	Ю	Н	Р	И	Ц	Ъ	Т	Х	Д	Р	О	О	Е
И	Д	Е	А	Л	Е	Н	К	Ь	Ъ	Ж	Ш	Л	Н
Я	Щ	А	К	Т	И	В	Е	Н	Л	Я	А	Ю	Б
Е	Д	Е	О	Ч	Д	Н	Х	Ч	Г	Ж	Ь	Т	И
Н	А	Н	Х	Д	Н	К	Д	Н	О	К	М	Е	Г
К	Ъ	Ф	А	М	Б	И	Ц	И	О	З	Е	Н	Ш

АМБИЦИОЗЕН
АРОМАТЕН
АРТИСТИЧЕН
АБСОЛЮТЕН
АКТИВЕН
ОГРОМЕН
ЕКЗОТИЧЕН
ЩЕДЪР
МЛАД
ГОЛЯМ

ИДЕНТИЧЕН
ВАЖНО
БАВЕН
ДЪЛГО
МОДЕРЕН
ЧЕСТЕН
ИДЕАЛЕН
ТЕЖЪК
ЦЕНЕН
ТЪНЪК

6 - Geologia

Б	Е	К	К	М	С	С	Т	П	Ю	Р	Р	Д	Х
Ч	С	А	О	И	Т	К	Л	Ъ	Е	Л	А	В	А
С	О	Л	Н	Н	А	В	А	О	С	Щ	Й	Ф	В
М	П	Ц	Т	Е	Л	А	Л	М	Й	О	Е	А	П
И	Л	И	И	Р	А	Р	Й	Т	Ъ	К	Р	Р	Р
Н	А	Й	Н	А	Г	Ц	Я	П	Щ	К	О	Я	А
Е	Т	Г	Е	Л	М	Т	Ц	Г	Е	Й	З	Е	Р
Р	О	Ж	Н	С	И	К	О	Р	А	Л	И	А	Т
А	В	С	Т	Ю	Т	Н	Л	Ж	Х	Н	Я	Ж	П
Л	У	О	П	К	И	С	Е	Л	И	Н	А	Х	Р
И	Л	З	Е	М	Е	Т	Р	Е	С	Е	Н	И	Е
Е	К	У	П	Б	К	Й	Ч	Й	П	Ц	У	Ц	Я
Ю	А	Б	В	К	Р	И	С	Т	А	Л	И	Т	Г
Н	Н	У	Ш	С	Т	А	Л	А	К	Т	И	Т	Ц

КИСЕЛИНА	ЛАВА
ПЛАТО	МИНЕРАЛИ
КАЛЦИЙ	КАМЪК
ПЕЩЕРА	КВАРЦ
КОНТИНЕНТ	СОЛ
КОРАЛ	СТАЛАГМИТИ
КРИСТАЛИ	СТАЛАКТИТ
ЕРОЗИЯ	СЛОЙ
МИНЕРАЛ	ЗЕМЕТРЕСЕНИЕ
ГЕЙЗЕР	ВУЛКАН

7 - Campeggio

```
Л Х А М А К Р П Г П Д К Р И
Р У Щ В Г О Р А Ш Л Ь А И Т
Щ Д Н П Н Я Щ Д Й А Н Б Е Х
К Л Х А К А Й Ф С Н Х И З У
Р Ж Е Л В И С М Й И Е Н Е В
К Ш Е А Е Ц Ю Е Ш Н К А Р Ъ
В М Г Т О Ш А П К А В А О Ж
Й П Ю К Л П Р И Р О Д А Н Е
З А Б А В Л Е Н И Е М Л Т У
Ж Ц Ж И Л К О М П А С О Ъ Е
Ь П К М Ц А Г Ж И В О Т Н И
Л О В У Г Х Ъ Д Ъ Р В Е Т А
Ж К А Р Т А Н К Е Ш В В Е Б
П Р И К Л Ю Ч Е Н И Е Ж М Д
```

ДЪРВЕТА	ЗАБАВЛЕНИЕ
ХАМАК	ГОРА
ЖИВОТНИ	ОГЪН
ПРИКЛЮЧЕНИЕ	НАСЕКОМО
КОМПАС	ЕЗЕРО
КАБИНА	ЛУНА
ЛОВ	КАРТА
КАНУ	ПЛАНИНА
ШАПКА	ПРИРОДА
ВЪЖЕ	ПАЛАТКА

8 - Arti Visive

```
И Г Т В О Р Ч Е С Т В О Ь Н
М Л В Ж И В О П И С О С Ь Ш
О И Й О П О Р Т Р Е Т Ш Т Ш
Л Н Х Ь С Н И М К А Р А А Е
И А У Ь Г Ъ С Ф И Л М Б Р Д
В С Щ У П Д К Щ П М Г Л Х Ь
П Е Р С П Е К Т И В А О И О
Ъ О В Т Т Д Е М О Н М Н Т В
Ж У И А К Е Р А М И К А Е Ъ
Ш Ц Ю Т Ь П Б У Л К Е М К Р
Ъ Т М И Ц С Ц Е Р А Е М Т Р
Л Ч Ж В Х Ш О Е Ш С К Я У Ш
С Ъ С Т А В М П Т И У Ч Р П
Д Р Ъ Ж К А П Ф П В Р С А Й
```

АРХИТЕКТУРА   СНИМКА
ГЛИНА   ТЕБЕШИР
ШЕДЬОВЪР   МОЛИВ
СТАТИВ   ДРЪЖКА
ВОСЪК   ЖИВОПИС
КЕРАМИКА   ПЕРСПЕКТИВА
СЪСТАВ   ПОРТРЕТ
ТВОРЧЕСТВО   ШАБЛОН
ФИЛМ   ЛАК

9 - Esplorazione

```
Н Ж И В О Т Н И К С Ф Б Ш Ц
Н Ф Л К Я Е Е З У И Я Ч П Х
Д Х Р Г Я Р И Т Л О К Р Р О
Ж Е Р Щ У Е З О Т Н Я Н О В
В Н Х А П Н В Щ У П П У С И
Т Ъ Р С Е Н Е Е Р Н Ъ Н Т Ф
Ц Й Л Ь М Х С Н И Д Т Н Р Х
Д Е Й Н О С Т И Ь П У Я А Д
И Ъ Я Ш Е Ж Е Е Б Х В Ф Н Н
В Т Й А У Н Н К У Р А Ж С И
А Д Г А М А И Е П М М Ф Т Ц
О А Ш Е П Д Е З Ж Ж Д В Н
О Т К Р И Т И Е Ц И Ь Я О Л
О П Р Е Д Е Л Я Н Е К Й А М
```

ЖИВОТНИ	НОВ
ДЕЙНОСТ	ТЪРСЕНЕ
КУРАЖ	НЕИЗВЕСТЕН
КУЛТУРИ	ОТКРИТИЕ
ОПРЕДЕЛЯНЕ	ДИВ
ВЪЛНЕНИЕ	ПРОСТРАНСТВО
ИЗТОЩЕНИЕ	ТЕРЕН
ЕЗИК	ПЪТУВАМ

10 - Tempo

```
Б  С  Ч  П  Ш  П  Д  Ч  П  В  Е  Й  В  Ш
В  Ъ  Ц  А  Р  Р  Е  А  С  У  Т  Р  И  Н
Е  П  Д  С  С  Е  Н  С  К  О  Р  О  К  О
К  Ь  Н  Е  В  Д  Р  О  В  Ч  Е  Р  А  Б
С  Л  Е  Д  Щ  И  Ф  В  Ф  Ь  С  И  Л  Я
Я  Ш  С  М  Ф  Е  М  Н  Щ  М  Х  М  Е  Д
Б  Ч  Ш  И  П  Ю  Е  И  И  Ю  К  Ъ  Н  Х
П  Ь  Б  Ц  Й  Г  С  К  Н  Ю  Л  Н  Д  Ъ
Ь  К  Г  А  С  О  Е  С  П  У  Х  О  А  Ц
Ф  П  Ц  Щ  Е  Ч  Ц  У  А  Х  Т  Щ  Р  Д
Д  Е  С  Е  Т  И  Л  Е  Т  И  Е  А  С  Я
Ю  Г  О  Д  И  Ш  Е  Н  Г  О  Д  И  Н  А
Д  Г  О  Х  Г  Д  Ц  Ъ  Й  Щ  О  Л  М  Л
Щ  Г  В  Л  Ь  Е  Ш  С  Щ  Ж  Ю  Ъ  С  Х
```

ГОДИНА
ГОДИШЕН
КАЛЕНДАР
ДЕСЕТИЛЕТИЕ
СЛЕД
БЪДЕЩЕ
ДЕН
ВЧЕРА
СУТРИН
МЕСЕЦ

ОБЯД
МИНУТА
НОЩ
ДНЕС
ЧАС
ЧАСОВНИК
СКОРО
ПРЕДИ
ВЕК
СЕДМИЦА

11 - Astronomia

```
Ч А В Б Р П Н К Е Т В Г Г Р
Т С С А А У Л Е К Я Ъ Р А С
У Т Е Р В К Ь А Б Й Я А Л Ъ
Щ Р Л Й Н П Л У Н Е Ш В А М
Л О Е К О С М О С Е Й И К Ъ
У Н Н Ф Д С Е Ф З Ю Т Т Т Г
Н О А К Е Д Т П Е Ч Р А И Л
А М Р С Н Б Е П М У А Ц К Я
Т Е Л Е С К О П Я Ъ К И А В
Е Б А С Т Е Р О И Д Е Я Ч И
Щ Е Н М В Ю О В Щ У Т В Щ Н
Я Р А Д И А Ц И Я Х А Г А А
Ш И Р М Е С Ъ З В Е З Д И Е
О Б С Е Р В А Т О Р И Я Щ М
```

АСТЕРОИД	МЕТЕОР
АСТРОНОМ	МЪГЛЯВИНА
НЕБЕ	ОБСЕРВАТОРИЯ
КОСМОС	ПЛАНЕТА
СЪЗВЕЗДИЕ	РАДИАЦИЯ
РАВНОДЕНСТВИЕ	РАКЕТА
ГАЛАКТИКА	ТЕЛЕСКОП
ГРАВИТАЦИЯ	ЗЕМЯ
ЛУНА	ВСЕЛЕНА

12 - Circo

```
Б  Б  М  Ь  Г  Ъ  М  А  Й  М  У  Н  А  Ж
П  А  Р  А  Д  М  А  К  Р  О  Б  А  Т  И
И  Л  Т  Ч  К  Р  Г  Ч  Р  Б  Ч  Ю  Е  В
Б  О  Р  У  Л  Ь  И  Й  Й  Б  О  П  Я  О
А  Н  О  Я  О  С  Я  М  У  З  И  К  А  Т
Ъ  И  О  Ь  У  Н  Л  Ж  Л  Ъ  В  Л  К  Н
Т  Р  И  К  Н  И  К  О  С  Т  Ю  М  Е  И
Н  В  Б  О  Н  Б  О  Н  Н  А  Д  Т  Ъ  Т
З  Г  П  Б  Х  Й  Ц  Г  С  Б  М  И  Б  Х
О  Р  К  Ф  Ж  М  А  Л  С  Б  Х  Г  Ф  С
Х  Щ  И  В  А  У  Т  Ь  Т  У  Ъ  Ъ  Ц  Б
С  К  Л  Т  А  С  Е  О  Ч  П  Щ  Р  Ш  Щ
И  Д  У  М  Е  А  Е  Р  Б  Р  Х  Н  А  К
Р  В  Т  Б  Ш  Л  П  А  Л  А  Т  К  А  Ь
```

АКРОБАТ	МАГИЯ
ЖИВОТНИ	МУЗИКА
БИЛЕТ	БАЛОНИ
БОНБОН	ПАРАД
КЛОУН	МАЙМУНА
КОСТЮМ	ЗРИТЕЛ
СЛОН	ПАЛАТКА
ЖОНГЛЬОР	ТИГЪР
ЛЪВ	ТРИК

13 - Mitologia

П	Ш	Е	Ч	Д	М	Г	А	Ъ	Х	К	Б	Б	С
Р	О	В	Й	С	А	Ь	Р	Е	Л	У	О	Е	Ъ
Е	Ъ	В	Г	Ъ	Г	В	Х	Л	А	Л	Ж	Д	З
В	Х	Ю	Е	З	И	Р	Е	Г	Б	Т	Е	С	Д
Н	Ъ	С	Р	Д	Ч	Ъ	Т	Л	И	У	С	Т	А
О	В	М	О	А	Е	Й	И	С	Р	Р	Т	В	В
С	Ч	Ъ	Й	Н	С	Н	П	Щ	И	А	В	И	А
Т	У	Р	Ф	И	К	Д	И	Д	Н	Л	А	Е	Н
М	Д	Т	М	Е	И	С	Ъ	Е	Т	Ъ	А	О	Е
П	О	Е	Л	Е	Г	Е	Н	Д	А	В	О	И	Н
Е	В	Н	Ъ	С	Е	Р	Р	А	Ч	Ф	Ь	Ш	О
У	И	Ж	Н	О	Т	М	Ъ	Щ	Е	Н	И	Е	К
У	Щ	Ю	О	Я	Й	Ъ	С	М	Ъ	Л	Н	И	Я
Ю	Е	Б	Е	З	С	М	Ъ	Р	Т	И	Е	Щ	К

АРХЕТИП
ПОВЕДЕНИЕ
СЪЗДАНИЕ
СЪЗДАВАНЕ
КУЛТУРА
БЕДСТВИЕ
БОЖЕСТВА
ГЕРОЙ
СИЛА
МЪЛНИЯ

РЕВНОСТ
ВОИН
БЕЗСМЪРТИЕ
ЛАБИРИНТ
ЛЕГЕНДА
МАГИЧЕСКИ
СМЪРТЕН
ЧУДОВИЩЕ
ГРЪМ
ОТМЪЩЕНИЕ

14 - Piante

Т	О	Р	Ф	Д	Ъ	Р	В	О	Б	Е	Р	И	А
Б	О	Т	А	Н	И	К	А	Е	И	Г	Р	Щ	И
С	У	Г	Щ	Д	У	П	Е	В	Л	У	Г	Д	С
Д	Р	Н	Л	Ъ	К	Л	Х	А	К	Й	Ч	Й	А
К	В	Р	Е	П	Х	П	Я	Б	А	М	Б	У	К
Р	А	С	Т	А	К	Ф	Ь	К	Ж	Ъ	С	Т	Г
Р	Р	К	Щ	Н	Т	Л	Е	К	У	Х	Ъ	Л	П
Г	О	Т	Т	К	Б	О	Б	А	У	Б	Б	И	Ч
Я	Д	Щ	Д	У	Х	Р	А	С	Т	Г	Ъ	С	Ч
Й	Р	Щ	Д	Ц	С	А	С	П	Г	Е	О	Т	Ш
С	Г	Б	Ь	Б	В	Е	К	Ю	О	У	Ю	Р	Ж
Н	К	Ф	Ъ	В	О	Е	К	О	Р	Е	Н	П	А
Б	Р	Ъ	Ш	Л	Я	Н	Т	У	И	Я	Р	Б	Ъ
Н	Г	Р	А	Д	И	Н	А	Е	Ц	М	В	Й	Д

ДЪРВО
БЕРИ
БАМБУК
БОТАНИКА
КАКТУС
ХРАСТ
РАСТА
БРЪШЛЯН
БИЛКА

БОБ
ТОР
ЦВЕТЕ
ФЛОРА
ЛИСТ
ГОРА
ГРАДИНА
МЪХ
КОРЕН

15 - Spezie

```
С Е Ч Ц Р Б В А Н И Л И Я Ч
К Л К А Р Д А М О Н В К Г Е
Ш О А В Е Ц Ч Ж П О Г У О Р
А Ф П Д К Ч Н Е М Р Ь Р Р В
Ф Х Ъ Ъ Ъ К А Н Е Л А К Ч Е
Р Ч А К Р К Г С О Л П У И Н
А П Н О И О В К У С Д М В П
Н И А Р Щ Щ Щ О У Щ Л А Ч И
Е П С И Ь Р Е Б Т У К Ц Т П
Г Е О А Ц Ч Т И Й А И Х Е Е
Ь Р Н Н О Д Щ Л Щ Ю М К П Р
Т Ъ Б Д Ж Ф Н Е У Х И Щ У М
П Ф П Ъ Е Н Ж И Л К О Ш Т Л
О Й Я Р Ч Е С Ъ Н Д Н Ш Ю Я
```

ЧЕСЪН	СЛАДЪК
ГОРЧИВ	КОПЪР
АНАСОН	ВКУС
КАНЕЛА	ЖЕНСКО БИЛЕ
КАРДАМОН	ЧЕРВЕН ПИПЕР
ЛУК	ПИПЕР
КОРИАНДЪР	СОЛ
КИМИОН	ВАНИЛИЯ
КУРКУМА	ШАФРАН
КЪРИ	

16 - Numeri

```
Ч О Д Й Ь Ъ Т Х Т Ф Ш Т Д Ч
Е С С Д П Е Т Й Б Ц Е П В У
Т Ч Д Е Ъ Р Ю Д Ф П С Е А О
И Ч В С М Ч Ч Ш Ъ Ч Т Т Н С
Р Е А Е Ж Ц Ж Й Я Л Н Н А Е
И Т Д Т Д С Е Д Е М А А Д М
Н И Е И Д Е Т Р И Ш Д Д Е Н
А Р С Ч Ч Е С Т Ч Е Е Е С А
Д И Е Е Я В В Е Е С С С Е Д
Е Ф Т Н У Л А Е Т Т Е Е Т Е
С Д В Е Ю С Р Р Т Ц Т Т М С
Е Т Р И Н А Д Е С Е Т И С Е
Т К С Е Д Е М Н А Д Е С Е Т
Д Е В Е Т Н А Д Е С Е Т Н Ц
```

ПЕТ	ЧЕТИРИНАДЕСЕТ
ДЕСЕТИЧЕН	ЧЕТИРИ
ДЕВЕТНАДЕСЕТ	ПЕТНАДЕСЕТ
СЕДЕМНАДЕСЕТ	ШЕСТНАДЕСЕТ
ОСЕМНАДЕСЕТ	ШЕСТ
ДЕСЕТ	СЕДЕМ
ДВАНАДЕСЕТ	ТРИ
ДВЕ	ТРИНАДЕСЕТ
ДЕВЕТ	ДВАДЕСЕТ
ОСЕМ	НУЛА

17 - Cioccolato

```
Л  Ю  Б  И  М  Ж  Ю  Щ  Г  Й  З  Щ  Ц  Р
Е  Х  О  Ф  Д  Е  Я  Ж  Ъ  А  А  И  П  Ж
Ь  А  Н  Ю  Ъ  С  О  Ч  Ш  Р  Х  Ш  Ц  М
У  К  Б  Е  Ц  С  Ж  О  Л  Т  А  О  М  Л
П  О  О  Ч  Й  Х  Т  Б  М  Й  Р  К  К  Й
Ш  К  Н  В  Щ  Е  Ф  Ъ  О  М  Е  А  А  Ф
Ж  О  Г  О  Р  Ч  И  В  Ц  Ф  Ц  Л  Ч  С
Л  С  Т  Г  У  Х  А  Ж  О  И  Е  О  Е  Ъ
Ь  О  А  Ч  Б  Л  К  Р  К  Д  П  Р  С  С
Н  В  К  У  С  Е  Н  К  О  Л  Т  И  Т  Т
П  О  С  Л  А  Д  Ъ  К  А  М  А  И  В  А
Р  Р  К  А  Р  А  М  Е  Л  К  А  У  О  В
А  Е  В  К  У  С  Х  М  Ц  Р  А  Т  Ф  К
Х  Х  Е  К  З  О  Т  И  Ч  Е  Н  О  И  А
```

ГОРЧИВ	ЕКЗОТИЧЕН
ФЪСТЪЦИ	ВКУС
АРОМАТ	СЪСТАВКА
КАКАО	КОКОСОВ ОРЕХ
КАЛОРИИ	ПРАХ
БОНБОН	ЛЮБИМ
КАРАМЕЛ	КАЧЕСТВО
ВКУСЕН	РЕЦЕПТА
СЛАДЪК	ЗАХАР

18 - Guida

```
Х  М  Б  О  Й  П  Т  Е  П  О  О  Ф  Р  О
Т  О  Е  П  Е  Ш  Е  Х  О  Д  Е  Ц  Ь  Я
У  Т  З  А  О  Т  С  П  И  Р  А  Ч  К  И
Н  О  О  С  Ж  Л  С  В  К  Р  К  О  Л  А
Е  Ц  П  Н  Я  Я  И  Т  Р  Ь  Ж  П  И  В
Л  И  А  О  А  Т  Ж  Ц  Ъ  Ж  Т  К  Ц  Т
Г  К  С  С  О  Р  Ю  О  И  Д  Г  Ъ  Е  О
О  Л  Н  Т  Г  А  Р  А  Ж  Я  А  И  Н  Б
Р  Е  О  Й  А  Ф  Х  Т  Л  Б  З  М  З  У
И  Т  С  М  Е  И  К  А  Р  Т  А  О  Б  С
В  Ъ  Т  Ь  Г  К  П  Ъ  Т  Б  Ф  Т  Ч  Ш
О  Т  Р  А  Н  С  П  О  Р  Т  Н  О  Л  Л
П  Р  У  С  К  О  Р  О  С  Т  Х  Р  И  Х
З  Л  О  П  О  Л  У  К  А  Е  К  Х  Ш  Б
```

КОЛА	МОТОР
АВТОБУС	ПЕШЕХОДЕЦ
ГОРИВО	ОПАСНОСТ
СПИРАЧКИ	ПОЛИЦИЯ
ГАРАЖ	БЕЗОПАСНОСТ
ГАЗ	ПЪТ
ЗЛОПОЛУКА	ТРАФИК
ЛИЦЕНЗ	ТРАНСПОРТ
КАРТА	ТУНЕЛ
МОТОЦИКЛЕТ	СКОРОСТ

19 - Sport

```
С Т Т А Ш Е Т Т К Х К Й А Д
Е П Г С Т А Д И О Н О Ю Ш Т
У Е О Н Ш В Т Г В К М К Б Р
Б Б Л Р Е Ф Е Р Е Щ Ш Г Е О
Ш А Ф Ю Т Л Н А Л О Ч И Р Й
А Й С Т Х И И Ч О Т И М Т П
М И Д К Н В С Й С Б Г Н Р О
П Ф В П Е Ъ Ъ Т И О Р А Е Б
И В И Щ П Т Г Б П Р А С Н Е
О Е Ж А Н Ф Б Д Е П Ь Т Ь Д
Н Щ Е Х И Г М О Д П Й И О И
А Ъ Н Г В Я Ь У Л Ь Ш К Р Т
Т Г И М Н А З И Я Б И А Е Е
Е Б Е Й З Б О Л М Ю Д Щ Я Л
```

ТРЕНЬОР	ИГРА
РЕФЕР	ГОЛФ
СПОРТИСТ	ХОКЕЙ
БЕЙЗБОЛ	ДВИЖЕНИЕ
БАСКЕТБОЛ	ГИМНАЗИЯ
ВЕЛОСИПЕД	ОТБОР
ШАМПИОНАТ	СТАДИОН
ГИМНАСТИКА	ТЕНИС
ИГРАЧ	ПОБЕДИТЕЛ

20 - Giocattoli

Б	Б	К	У	К	Л	А	Л	О	Д	К	А	Ш	В
Р	А	Н	О	Т	О	П	К	А	О	Ь	Щ	Т	Е
О	Р	И	Ч	Л	Ш	К	Ю	Й	М	Щ	И	Г	Л
И	А	Г	Л	К	А	Л	Н	В	Ш	Ц	Л	М	О
К	Б	И	Ь	Р	Х	Ф	Ь	Ъ	Ж	Ж	С	О	С
С	А	М	О	Л	Е	Т	Ю	О	Д	Ъ	А	Ц	И
Х	Н	Ш	Ъ	Ф	Х	Б	Т	Б	В	Л	А	К	П
В	И	Ь	Р	И	Ж	Л	З	Р	О	Б	О	Т	Е
Ъ	Р	Х	С	Ь	Ь	Ж	К	А	М	И	О	Н	Д
Р	Г	Ъ	Ч	Ш	Ж	Ю	Ж	Ж	Н	П	Ш	Б	А
Ч	Т	Л	Л	Ю	Б	И	М	Е	Щ	А	С	О	Ь
И	Г	Р	И	П	Н	Х	Е	Н	Г	П	Я	И	П
Л	Ь	Ю	И	Н	П	Ф	Ц	И	Ж	Н	А	Т	Ш
О	Я	С	О	С	А	У	А	Е	В	Ш	Х	Я	И

САМОЛЕТ	ИГРИ
ХВЪРЧИЛО	ВЪОБРАЖЕНИЕ
ГЛИНА	КНИГИ
ЗАНАЯТИ	ТОПКА
КОЛА	ЛЮБИМ
КУКЛА	РОБОТ
ЛОДКА	ШАХ
БАРАБАНИ	ВЛАК
ВЕЛОСИПЕД	БОИ
КАМИОН	

21 - Uccelli

```
С П Р С Щ Щ С Т О Р У Ь Г Е
К Б С Д К Ъ Х Ц Щ Р А У С Г
Л Т С Ж Ш Ю Х Я Й Ц Е Ф С П
Ш У Ю Я С Т Р Е Б П К Л П А
Х П О Я К У К У В И Ц А И Т
В А И Ж Й К Ф Ь Р Е Ш М Н И
Л У Г Л Ч А Й К А Ч К И Г Ц
А Н Г Ъ Е Н Л Е Б Е Д Н В А
Л У Ь С Л Й Ж У Ч К Ь Г И О
Е К М Ч Щ Ъ Р К Е Л К О Н Х
К Р У А Ь Ж Б Е Р Ц Ц Ч Ф Г
Ц И Ц П Е Л И К А Н Щ Б Г Р
Ц Н Ж Л Ф К А О Щ Ц Я В Ш Р
Ж С П А П А Г А Л Г Ъ С К А
```

ЧАПЛА	ПАПАГАЛ
ПАТИЦА	ВРАБЧЕ
ОРЕЛ	ПАУН
ЩЪРКЕЛ	ПЕЛИКАН
ЛЕБЕД	ГЪЛЪБ
КУКУВИЦА	ПИНГВИН
ЯСТРЕБ	ПИЛЕ
ФЛАМИНГО	ЩРАУС
ЧАЙКА	ТУКАН
ГЪСКА	ЯЙЦЕ

22 - Giorni e Mesi

```
Я А Т Ю Н И К М В К А Й Н Я
Н В Ш Н О Ю О Б Ь Ю Н Е Щ Г
У Г Р Е Е Д Г И С У И Я Д О
А У Н Д М Ц Щ Щ Ф Я Д М С Д
Р С Ю Е В К А Л Е Н Д А Р И
И Т С Л Р М П П В Д Е Б Я Н
Щ Я Е Я И Е Р Б Ъ К П Д А
В П П П Ь С И Б У Н Е Е А Й
Ь Р Т Ь Н Е Л У А Р М Т Б С
Ч Й Е Л К Ц Ж Р Р Ю В Ъ Я Ъ
Б Ю М В Т О Р Н И К Р К И Б
Н К В Л Ю Я С Е Д М И Ц А О
О И Р П О Н Е Д Е Л Н И К Т
Х У И О К Т О М В Р И Ф Д А
```

АВГУСТ	ПОНЕДЕЛНИК
ГОДИНА	ВТОРНИК
АПРИЛ	СРЯДА
КАЛЕНДАР	МЕСЕЦ
ДЕКЕМВРИ	НОЕМВРИ
НЕДЕЛЯ	ОКТОМВРИ
ФЕВРУАРИ	СЪБОТА
ЯНУАРИ	СЕПТЕМВРИ
ЮНИ	СЕДМИЦА
ЮЛИ	ПЕТЪК

23 - Casa

```
П  Ь  Ш  У  П  Д  Ф  Т  О  Ч  Щ  Б  Ч  Я
О  П  Ф  М  Р  У  Ш  Ф  К  Щ  Х  И  О  С
К  Г  Ф  Й  О  Ш  Л  А  М  П  А  Б  Ь  К
Р  Ч  Ц  Ш  З  Щ  Б  С  С  В  Л  Л  М  И
И  Ж  Л  Й  О  Б  Т  О  Т  А  К  И  Ц  Л
В  Д  Й  К  Р  А  Н  Л  Е  А  Ф  О  Г  И
П  П  К  М  Е  Т  Л  А  Н  Н  Я  Т  А  М
М  Л  А  У  Ц  В  И  Щ  А  С  П  Е  Р  С
О  Ж  Ж  Ю  Х  Л  Р  М  Х  Ъ  Н  К  А  К
Г  Р  А  Д  И  Н  А  А  Х  Е  Т  А  Ж  А
Р  Д  Е  В  Ж  О  Я  Д  Т  А  В  А  Н  М
А  О  Г  Л  Е  Д  А  Л  О  А  Ж  И  Щ  И
Д  К  Л  Ю  Ч  О  В  Е  Б  И  У  Р  С  Н
А  Р  С  Ж  Ц  Ю  С  К  Г  Ц  Ъ  Щ  Х  А
```

ТАВАН	ЛАМПА
БИБЛИОТЕКА	СТЕНА
СТАЯ	ЕТАЖ
КАМИНА	ВРАТА
КЛЮЧОВЕ	ОГРАДА
КУХНЯ	КРАН
ДУШ	МЕТЛА
ПРОЗОРЕЦ	ОГЛЕДАЛО
ГАРАЖ	КИЛИМ
ГРАДИНА	ПОКРИВ

24 - Ristorante #1

```
А У К Б Ч К А Ф Е О Б У Ю Х
Н Л А В О У Ж Г Ь Ж Ф Р О Р
Т Ъ Е Ж С П И К А Н Т Н И А
Я У Ш Р И А Ш У А Н А Б Ц Н
М Е Н Ю Г Н Ш Х Ф С Ь Н Щ А
М П И Л Е И Т Н Х Ю И Ф Ъ Д
Е Щ Х Т К А Я Я П Л Ф Е Ю Е
С Р Е З Е Р В А Ц И Я Ф Р С
О С Е Р В И Т Ь О Р К А Н Е
С Ъ С Т А В К И Ф С Ь Е О Р
С А Л Ф Е Т К А Х Л Я Б Ж Т
Й Й Ъ С С Ш Ш Л Щ Н Д Х В Ь
Л Х К О Ъ Ъ А Г Ъ В А Б Щ Р
А Ж Л С Ф П В Ч Ю Д Ш Щ В Н
```

АЛЕРГИЯ	ДЕСЕРТ
КАФЕ	СЪСТАВКИ
СЕРВИТЬОРКА	МЕНЮ
МЕСО	ХЛЯБ
КАСИЕР	ПИКАНТНИ
ХРАНА	ПИЛЕ
КУПА	РЕЗЕРВАЦИЯ
НОЖ	СОС
КУХНЯ	САЛФЕТКА

25 - Fantascienza

```
У П Ь С Ц Е Н А Р И Й Я И И
Т У Ч О Г Б Ч Т И О Г Ъ Н Л
О Я Х Н П Х Ю О Л Р Б Х Ю И
П Ч К Г Л Р Ф М Ю А Т О Я С
И Ф Ф И А Г Т Е З К У К Т Д
Я Т Ь Е Н И Т Н И У С Ъ С И
К О Щ К Е О П П Я Л Ш Г В С
Н М И С Т Е Р И О З Е Н Я Т
И М Ю П А Ш Ч Л Й Й Ъ У Т О
Г М Щ Л А Ф О Х А Е И Ь И П
И В Ъ О Б Р А Ж А Е М Н И И
Ъ Х Ж З Т Е Х Н О Л О Г И Я
Л Ф Б И Е К С Т Р Е М Н И Ф
Р Р Й Я Б Г А Л А К Т И К А
```

АТОМЕН	КНИГИ
КИНО	МИСТЕРИОЗЕН
ДИСТОПИЯ	СВЯТ
ЕКСПЛОЗИЯ	ОРАКУЛ
ЕКСТРЕМНИ	ПЛАНЕТА
ОГЪН	РОБОТИ
ГАЛАКТИКА	СЦЕНАРИЙ
ИЛЮЗИЯ	ТЕХНОЛОГИЯ
ВЪОБРАЖАЕМ	УТОПИЯ

26 - Città

```
Р Ц М Б И Б Л И О Т Е К А А
Н С Т А Д И О Н О П И Т А П
Е Ь Ф У Г Б А Н К А В Е Ь Т
О Г Г Ч Ш А Ю Р В З А В Е Е
Ф Ц Б К Ч Л З Т Е А Т Ъ Р К
У Ч И Л И Щ Е И Ф Р Ц Ю К А
Р З О О П А Р К Н Н Ю А Ь Х
Н Б Г А Л Е Р И Я О И И И О
А А С У П Е Р М А Р К Е Т Т
Ь Г Щ Л А Й Т Л Ж Т К И Ц Е
У Н И В Е Р С И Т Е Т Ч Н Л
К Л И Н И К А Е Щ Р Н Ш Л О
М У З Е Й Т К Ц В Е Т А Р П
Д Н У К Н И Ж А Р Н И Ц А Ф
```

ЛЕТИЩЕ	ПАЗАР
БАНКА	МУЗЕЙ
БИБЛИОТЕКА	МАГАЗИН
КИНО	ФУРНА
КЛИНИКА	УЧИЛИЩЕ
АПТЕКА	СТАДИОН
ЦВЕТАР	СУПЕРМАРКЕТ
ГАЛЕРИЯ	ТЕАТЪР
ХОТЕЛ	УНИВЕРСИТЕТ
КНИЖАРНИЦА	ЗООПАРК

27 - Compleanno

У	А	Ф	О	Н	У	Р	Д	Е	Н	М	С	Щ	М
П	Е	Ь	А	Д	С	О	П	Л	Б	Л	В	Ъ	Ъ
Ю	Е	Ф	Х	В	Й	Д	Й	О	Х	А	Е	С	Д
З	Ч	С	П	О	М	Е	Н	И	К	Д	Щ	Й	Р
Н	А	Г	Е	Е	П	Н	Й	Л	Г	А	И	М	О
Ш	С	Б	Т	Н	И	Й	К	И	О	Г	Н	Ф	С
К	П	Р	А	З	Н	И	К	Д	Д	Р	И	И	Т
А	Л	У	Р	В	С	П	Е	Ц	И	А	Л	Е	Н
Р	Б	Е	О	Г	Л	Ф	Ч	Ж	Н	Д	Ж	А	Ж
Т	Л	Ч	Ъ	В	Д	Е	У	Л	А	О	Я	Ь	П
И	Т	О	Р	Т	А	С	Н	С	Ь	С	К	Я	Д
П	О	Д	А	Р	Ъ	К	Я	И	М	Т	Н	Л	У
Щ	А	С	Т	Л	И	В	Р	С	Е	Е	Ж	А	Е
К	П	Р	И	Я	Т	Е	Л	И	Л	Н	Б	Ъ	Х

ПРИЯТЕЛИ
ГОДИНА
СВЕЩИ
ПЕСЕН
КАРТИ
ПРАЗНИК
ЗАБАВЛЕНИЕ
ЩАСТЛИВ
РАДОСТЕН
ДЕН

МЛАД
ПОКАНИ
РОДЕН
ПОДАРЪК
СПОМЕНИ
МЪДРОСТ
СПЕЦИАЛЕН
ЧАС
ТОРТА

28 - Fattoria #1

И	К	Ь	Е	З	Т	А	С	Т	Щ	Л	Щ	Ь	К
Т	Е	Л	Е	Е	О	В	В	Т	Г	Ц	Я	В	Р
Ц	М	Ь	С	М	Р	М	И	Ю	А	П	О	О	А
Ъ	В	Ш	Г	Я	Ф	А	Н	Т	Ш	Д	Ж	Д	В
Ш	Л	Ч	П	А	О	Г	Я	Ж	Ч	Ч	О	А	А
Ц	С	Ж	Ч	И	А	А	Ф	Й	Я	М	Г	М	М
А	Н	М	Е	Д	Л	Р	Т	В	Ч	Х	Р	Ж	П
Н	Ц	Н	Л	Л	Ж	Е	К	О	Н	Д	А	Е	Щ
Е	М	Х	А	Щ	Г	Ч	У	Ф	А	И	Д	Ь	Т
Ш	П	С	К	О	З	А	Ч	К	О	А	А	Й	Р
У	Ж	А	О	Р	Ш	Ю	Е	Ф	О	П	О	Л	Е
Ф	Б	Т	В	И	Ю	Р	Ж	Р	Х	Т	Е	С	Р
Г	Х	У	М	З	У	С	Е	Н	О	К	К	Ч	Л
С	Е	М	Е	Н	А	Щ	Ь	Ю	И	Л	Я	А	К

ВОДА	СТАДО
ПЧЕЛА	СВИНЯ
МАГАРЕ	МЕД
ПОЛЕ	КРАВА
КУЧЕ	ПИЛЕ
КОЗА	ОГРАДА
КОН	ОРИЗ
ТОР	СЕМЕНА
СЕНО	ЗЕМЯ
КОТКА	ТЕЛЕ

29 - Paesaggi

```
П О Л У О С Т Р О В Ф Ъ В Я
Ь С А В Ш И Г Х Ь Д С Е П Я
Я Т Ч З Ж Ш Н Е Ф Г Ь В Е Т
Ь Р Ц Г И Ш Х А Й Г Е М Щ С
О О Е Х У С Ъ Т Й З Ъ М Е Б
П В Ф Ц И Д Л Я К С Е О Р Л
У П Р Е К А М С С Х Б Р А А
С Л Х В Щ Л Е Д Н И К Е Я Т
Т А П У Т Н Д Р У Е З Е Р О
И Ж Ч Л Б Р О К Е А Н Я Г Г
Н К Ь К Ю Ш Л В О Д О П А Д
Я Л Ч А Д Ь И В Ш Б Р Е Я И
Г Р Г Н Т У Н Д Р А Е Ч У Я
Ю Х У Н П Л А Н И Н А Й В П
```

ВОДОПАД	МОРЕ
ХЪЛМ	ПЛАНИНА
ПУСТИНЯ	ОАЗИС
РЕКА	ОКЕАН
ГЕЙЗЕР	БЛАТО
ЛЕДНИК	ПОЛУОСТРОВ
ПЕЩЕРА	ПЛАЖ
АЙСБЕРГ	ТУНДРА
ОСТРОВ	ДОЛИНА
ЕЗЕРО	ВУЛКАН

30 - Ristorante #2

С	Е	Ъ	Я	Ф	Л	Ж	Й	Н	Х	С	О	Л	П
В	Ц	Б	Й	Б	М	Х	А	А	Ч	Е	В	Е	О
Ъ	К	С	Ц	С	П	А	Ю	П	Л	Р	К	Д	Д
Б	Ь	Т	А	Я	О	Г	Т	И	Ч	В	К	Д	П
С	В	О	С	У	П	А	Е	Т	Ю	И	И	П	Р
Х	И	Л	Ь	М	Л	С	Т	К	Й	Т	О	Ф	А
В	Г	Р	У	Т	О	П	А	А	Ъ	Ь	Б	Х	В
Ю	Е	В	Н	В	Д	А	Е	Л	Ф	О	Я	Ц	К
Т	У	Ч	Т	М	О	Ф	П	Ъ	А	Р	Д	М	И
У	О	Ч	Е	Ф	В	Ж	Х	Ж	Щ	Т	М	Ю	Я
Б	И	Р	С	Р	Е	Ш	Р	И	Б	А	А	Ц	Е
Г	Т	Х	Т	А	Я	И	Й	Ц	В	О	Д	А	Я
Ц	И	Г	П	А	Ц	М	В	А	Ф	Д	Г	У	Р
Ж	В	В	И	Л	И	Ц	А	В	К	У	С	Е	Н

ВОДА	САЛАТА
НАПИТКА	СУПА
СЕРВИТЬОР	РИБА
ВЕЧЕРЯ	ОБЯД
ЛЪЖИЦА	СОЛ
ВКУСЕН	СТОЛ
ВИЛИЦА	ПОДПРАВКИ
ПЛОДОВЕ	ТОРТА
ЛЕД	ЯЙЦА

31 - Giardino

```
Х  Ш  Л  Н  Д  Е  Ц  Г  Б  Х  Ж  Е  М  В
Щ  Н  У  Е  П  О  Ч  В  А  Х  Ь  Р  А  Е
Б  Б  Х  Х  Ц  Ж  Я  Б  Е  Р  И  И  Р  Р
Ь  К  П  О  Г  Р  А  Д  А  Т  А  Й  К  А
Я  Д  П  Ц  Ю  А  Ь  У  Х  Т  Е  Ж  У  Н
Б  Р  Л  Б  Й  К  Е  В  А  К  У  Н  Ч  Д
О  Ю  Е  В  В  А  Е  Х  М  Л  М  Т  Б  А
С  Д  В  М  Й  Н  С  К  А  Л  И  Р  У  Б
Й  М  Е  А  В  А  Х  Я  К  О  Ф  Е  Е  С
П  Д  Л  О  З  А  Ь  П  Я  П  Ч  В  С  Ъ
Л  П  И  Р  У  Ъ  Т  Е  Р  А  С  А  С  А
Е  З  Е  Р  Ц  Е  Г  Й  Т  Т  И  И  Ю  В
Г  Р  А  Д  И  Н  А  К  Б  А  А  Ж  Ь  Д
Д  Ъ  Р  В  О  У  О  А  Х  Р  А  С  Т  Ц
```

ДЪРВО
ХАМАК
ХРАСТ
ТРЕВА
ПЛЕВЕЛИ
ЦВЕТЕ
ГАРАЖ
ГРАДИНА
ЛОПАТА
ПЕЙКА

ВЕРАНДА
РАКА
ОГРАДА
СКАЛИ
ЕЗЕРЦЕ
ПОЧВА
ТЕРАСА
БАТУТ
МАРКУЧ
ЛОЗА

32 - Frutta

```
П  А  П  А  Я  К  Ж  К  Ф  Ч  Б  Х  В  О
Л  И  М  О  Н  Ю  П  Ъ  П  Е  Ш  Х  Н  Р
С  К  Р  У  Ш  А  Х  П  Е  Р  П  Ш  Е  А
Л  Л  М  А  Н  Г  О  И  С  Е  С  К  К  Н
П  Я  И  С  М  Ю  И  Н  В  Ш  Е  Т  Т  Ж
И  М  К  В  Б  А  Н  А  Н  А  Ч  Я  А  Е
М  П  К  И  А  Ш  К  Ь  Ц  Г  Ь  Б  Р  В
К  И  Д  Р  В  М  А  Л  И  Н  А  Ъ  И  М
Т  Ч  Ш  Ч  О  И  Й  Ю  Ю  Ю  Т  Л  Н  Г
А  Н  А  Н  А  С  С  Ъ  Н  И  В  К  Л  Р
Х  Б  Й  Ж  П  А  И  А  В  О  К  А  Д  О
П  О  Е  Я  Я  Ч  Я  Я  Ш  Й  Ж  С  Ь  З
Ю  Я  П  Р  А  С  К  О  В  А  У  Д  Ж  Д
Б  Ш  К  Е  И  Г  И  Ш  Н  Е  О  Р  Ъ  Е
```

КАЙСИЯ	МАНГО
АНАНАС	ЯБЪЛКА
ОРАНЖЕВ	ПЪПЕШ
АВОКАДО	КЪПИНА
БЕРИ	НЕКТАРИН
БАНАН	ПАПАЯ
ЧЕРЕША	КРУША
КИВИ	ПРАСКОВА
МАЛИНА	СЛИВА
ЛИМОН	ГРОЗДЕ

33 - Fattoria #2

```
П Л И П А Т И Ц А Х Р А Н А
Л И Е К Ш Ж Б Л Ь Ъ Н Г Ч И
Е В Г Н В Е Ч Е М И К Н Й Ж
В А Р Ц Н Ц Н Ф Е Р М Е Р П
Н Д Ъ Б А А Ж И В О Т Н И Л
Я А М Ф П Р О В Ц А Б Т Х О
М Л Я К О Е К Ш Щ А В Р О Д
С Л Л О Я В Ю О Б Я Щ А В О
Я Ч А К В И Л У Ш Ъ Х К Ч В
Г О М Ж А Ц Р Т Ц Е П Т А Е
Й Ъ А Ж Н А Ж Ч У П Р О Р И
П Б С Г Е П Х В Ь Ф Л Р Ю Х
Ч Щ Т К Н К А Ч Ш Д У С Е О
В Ъ Я Ц И З Е Л Е Н Ч У К Г
```

АГНЕ	ЛАМА
ФЕРМЕР	МЛЯКО
КОШЕР	ЦАРЕВИЦА
ПАТИЦА	ГЪСКИ
ЖИВОТНИ	ЕЧЕМИК
ХРАНА	ОВЧАР
ПЛЕВНЯ	ОВЦА
ПЛОДОВЕ	ЛИВАДА
ПШЕНИЦА	ТРАКТОР
НАПОЯВАНЕ	ЗЕЛЕНЧУК

34 - Dinosauri

Г	О	Л	Я	М	О	Щ	Е	Н	М	Д	Г	Ю	Ч
В	Й	Л	Й	О	Г	Р	Д	Р	В	А	А	Б	Ц
Я	С	В	П	К	Р	И	Л	А	Я	Р	М	Г	Ъ
Б	Х	Е	Л	У	О	П	А	Ш	К	А	Е	У	Б
Я	В	Ч	Я	К	М	Я	Е	К	Ш	З	В	В	Т
И	В	Ш	Ч	Д	Е	Е	П	Ц	Г	М	О	Л	Р
Ш	Х	Ъ	К	Е	Н	Ш	Ш	А	Е	Л	Е	Е	Е
А	Й	Ф	А	Ъ	Б	И	Р	Я	Е	Р	Ю	Ч	В
Н	У	П	К	Г	Ш	Ш	Б	Г	Ж	Б	Ц	У	О
З	В	Ъ	Ч	Ж	Я	С	Й	Н	Ц	И	И	Г	П
Е	М	И	З	Ч	Е	З	В	А	Н	Е	Я	О	А
М	Ч	Х	Д	П	О	Р	О	Ч	Е	Н	Ф	У	С
Я	О	М	С	Ж	Ф	Л	И	Ш	Б	Ж	М	Ь	Е
Ъ	Ь	Д	Е	В	Л	Й	Т	Я	В	Ф	Ц	Б	Н

КРИЛА
ОПАШКА
ОГРОМЕН
ТРЕВОПАСЕН
ЕВОЛЮЦИЯ
ГОЛЯМ
МАМУТ
ВСЕЯДНИ

МОЩЕН
ПЛЯЧКА
ВЛЕЧУГО
ИЗЧЕЗВАНЕ
ВИД
РАЗМЕР
ЗЕМЯ
ПОРОЧЕН

35 - Verdure

```
Ю П Г Ц Г Р А Х Д Т В К Б П
М А Ф Ъ С Я Ш В Ч И Х П Р У
Ф Т В Щ Б П Ч К Б К П Д О Е
Щ Л У К К А Ж Ь Т В Ш О К С
Ч А К А Р Т О Ф И А П М О П
Е Д Ж И Н Д Ж И Ф И Л А Л А
С Ж Х Х Щ Х М У Ь Ф К Т И Н
Ъ А Ж Т И И Ч О Р Г П Ь С А
Н Н Л Ь М Ъ Ц А Р Т И Ш О К
Т Ч Ъ А Н Б Е А Й К И А Ш И
Й Ю Ш Ю Т Ф Л Щ Д В О У А Д
И О Ц Ш С А И Ц Б Р Щ В Л Ж
Ф М А Г Д А Н О З Т А Е О Л
Й К Р А С Т А В И Ц А Б Т Ж
```

ЧЕСЪН	ГРАХ
БРОКОЛИ	ДОМАТ
АРТИШОК	МАГДАНОЗ
МОРКОВ	РЯПА
КРАСТАВИЦА	ШАЛОТ
ЛУК	ЦЕЛИНА
ГЪБА	СПАНАК
САЛАТА	ДЖИНДЖИФИЛ
ПАТЛАДЖАН	ТИКВА
КАРТОФИ	

36 - Scuola #2

```
Л И Т Е Р А Т У Р А М И О Р
Б И Б Л И О Т Е К А О Г Б Е
У П Г Р А Н И Ц А Ц Л Р Р Ч
Ч Р М Ж П О Б У В К И И А Н
И Г К А Л Е Н Д А Р В Б З И
Т Я Р К О М П Ю Т Ъ Р Ч О К
Е Ж Х А Р Т И Я Ю Д Н Е В А
Л Ш Д М Й О Л Г К О Т А В
М А Т Е М А Т И К А Ж Е Н Т
К О Р М К Ф Т К С Й И Н И О
Ь П Е И К Н А И В К Ц Е Е Б
Ъ Т Л Ч А Л И Е К Ю А Й О У
Ж П Б Е С Щ Ж Г П А В А Д С
Д Е Ю Н А У К А И Щ Л Ъ К Т
```

АКАДЕМИЧЕН	ГРАМАТИКА
АВТОБУС	УЧИТЕЛ
БИБЛИОТЕКА	ЛИТЕРАТУРА
КАЛЕНДАР	ЧЕТЕНЕ
ХАРТИЯ	КНИГИ
КОМПЮТЪР	МАТЕМАТИКА
РЕЧНИК	МОЛИВ
ОБРАЗОВАНИЕ	ОБУВКИ
НОЖИЦА	НАУКА
ИГРИ	РАНИЦА

37 - Barbecue

П	И	П	Е	Р	Д	И	Ю	П	Е	П	Я	Щ	Т
Х	Г	М	У	З	И	К	А	Л	К	В	К	Г	Л
Ю	Р	И	Щ	Г	А	Д	С	А	Л	Л	К	Х	Г
Щ	И	А	С	А	Л	А	Т	И	Ч	Ч	Я	Е	Х
П	П	Г	Н	Ь	Щ	М	Ф	Л	Ь	Н	Ч	Т	Р
О	Ф	И	О	А	С	Е	М	Е	Й	С	Т	В	О
А	Ш	Т	П	Р	П	О	К	А	Н	А	О	Е	Б
Е	Ц	Ю	И	С	Е	Г	Л	А	Д	Р	Г	Ч	Я
Ч	Щ	М	Л	К	Н	Щ	О	Ю	Л	Й	Г	Е	Д
Б	П	Ъ	Е	А	Щ	Р	Ж	Л	Л	Ъ	Р	Р	О
И	С	Ж	М	Р	Ш	Ш	И	Ц	У	В	Ф	Я	М
Л	У	К	С	А	А	Ю	Х	Щ	С	Д	Ь	Л	А
Р	Е	Н	О	Ж	О	В	Е	А	Ж	Е	Ц	Г	Т
Й	Б	П	Л	О	Д	О	В	Е	С	О	С	П	И

ГОРЕЩ
ВЕЧЕРЯ
ХРАНА
ЛУК
НОЖОВЕ
ЛЯТО
ГЛАД
СЕМЕЙСТВО
ПЛОДОВЕ
ИГРИ

СКАРА
САЛАТИ
ПОКАНА
МУЗИКА
ПИПЕР
ПИЛЕ
ДОМАТИ
ОБЯД
СОЛ
СОС

38 - Riempire

Ч	Д	Ч	Ф	О	Ц	Ф	А	К	Е	К	О	Щ	К
В	Ж	Ю	Е	Б	Х	Я	Н	Ь	У	О	М	Р	О
Н	О	Ч	Ш	К	К	В	А	П	Щ	Т	Н	М	Р
Щ	Б	А	Х	Я	М	К	К	О	Ш	Н	И	Ц	А
Я	С	Н	К	Е	Ь	Е	Т	Р	Ъ	Б	А	Я	Б
Ч	Ф	Т	А	В	А	М	Д	У	Н	Ф	Ц	Е	В
Ь	Х	А	Щ	А	Й	Г	А	Ж	У	Н	Й	М	А
К	Ф	Ц	Д	Н	Ж	Ь	Я	Р	Е	Е	Г	Б	З
Ю	Ю	К	Д	А	Н	У	П	А	П	К	А	Й	А
В	К	Е	П	Ь	П	Ц	Л	Н	И	У	У	Р	В
Л	Л	Ф	Д	А	Ь	Ш	И	Ш	Е	Ф	В	Н	Ь
К	Ч	С	Ж	Б	К	Щ	К	О	Ф	А	П	О	П
Б	А	С	Е	Й	Н	Е	Ф	Х	Ж	Р	Х	С	Л
Г	Ч	Ъ	Ъ	Г	Ь	Щ	Т	М	К	Е	Ф	Г	Ч

БАСЕЙН	ПАКЕТ
ЦЕВ	КУТИЯ
ЧАНТА	КОФА
ШИШЕ	ДЖОБ
ПЛИК	ТРЪБА
ПАПКА	КУФАР
ЩАЙГА	ВАНА
ЧЕКМЕДЖЕ	ВАЗА
КОШНИЦА	ТАВА
КОРАБ	

39 - Insetti

```
Й  У  Ф  П  Щ  Ш  П  Ь  В  У  Н  Т  Д  Т
Л  Н  Ц  Ф  Х  Л  Е  Б  А  Р  К  А  Н  Е
М  Р  А  В  К  А  П  Ф  И  Я  А  М  Ъ  Р
Я  Б  Н  Ъ  А  К  Е  Б  Л  А  Р  В  А  М
Ч  Ъ  Е  Ш  Л  П  Р  В  Р  К  Д  Ъ  Я  И
А  Л  Й  К  И  Ч  У  О  И  Ъ  П  Б  А  Т
Л  Х  Ъ  А  Н  Я  Д  Д  С  Х  М  Ь  К  Ж
С  А  Щ  О  К  Н  А  Н  К  П  Т  Б  Й  Ж
Ц  Т  Б  Ж  А  Г  Т  О  А  Ч  Т  В  А  Е
Ю  М  Ъ  Р  Й  Ю  Р  К  К  Е  О  Е  Ф  Р
И  Ф  С  Р  О  Х  Щ  О  А  Л  Т  Ч  И  Ц
Ш  А  Щ  Х  Ш  С  Т  Н  Л  А  Е  Щ  Я  Ю
К  О  М  А  Р  Е  А  Ч  Е  Р  В  Е  Й  Щ
М  П  О  Н  М  О  Л  Е  Ц  И  К  А  Д  А
```

ВЪШКА	МРАВКА
ПЧЕЛА	ЛАРВА
СТЪРШЕЛ	ВОДНО КОНЧЕ
СКАКАЛЕЦ	БЪЛХА
ЦИКАДА	ХЛЕБАРКА
КАЛИНКА	ТЕРМИТ
БРЪМБАР	ЧЕРВЕЙ
МОЛЕЦ	ОСА
ПЕПЕРУДА	КОМАР

40 - Erboristeria

```
К О Ф С В К Р О З М А Р И Н
О О З Е Л Е Н Ь П А Ш И Б Б
П Г Р А Д И Н А М Г А Г Д О
Ъ Х С И К Я Ъ Т Я Д Ф А Ь С
Р У Ъ М А Щ Е Р К А Р Н Т И
Ф Ф С А Ч Н Т Й Е Н А Л О Л
Я Ш Т Ь Е А Д Ь Т О Н А Н Е
Ю А А М С Я Р Ъ М З М Ж Е К
Ю Т В И Т С Л О Р Ц В Е Т Е
И П К У В П А Д М М Е Н Т А
С М А П О Е С Т Р А Г О Н Ю
Л А В А Н Д У Л А У Т Н Е Н
К У Л И Н А Р Е Н Р Я Е Л М
Р А С Т Е Н И Е Ч Е С Ъ Н Ч
```

ЧЕСЪН	ЛАВАНДУЛА
АРОМАТЕН	РИГАН
БОСИЛЕК	МЕНТА
КОРИАНДЪР	РАСТЕНИЕ
КУЛИНАРЕН	МАГДАНОЗ
ЕСТРАГОН	КАЧЕСТВО
КОПЪР	РОЗМАРИН
ЦВЕТЕ	МАЩЕРКА
ГРАДИНА	ЗЕЛЕН
СЪСТАВКА	ШАФРАН

41 - Danza

```
К У Л Т У Р Е Н Ю Г Я Т В К
Р И Т Ъ М Б Л А Г О Д А Т Л
А К А Д Е М И Я С Х В Ф О А
Й Х О Р Е О Г Р А Ф И Я Х С
И Р Г В Л Щ Л М Н И Ж Ь Ш И
З Е Ъ Ц Б Б Ц Ь У Щ Е Ф Щ Ч
К Х М И Д А Л Ф Ъ З Н Ф Т Е
У У П О З А Ц В Ь Р И Д Ю С
С Л Л Л Ц Ю Б Ж Б Д Е К Б К
Т Ч К Т Л И Х Щ Б Н Т Ь А И
В Д Т Я У С Я А Р Щ Д Ш Л Ш
О Щ Ш Л Ъ Р Е П Е Т И Ц И Я
Ш Ч Ц О В П А Р Т Н Ь О Р Ь
Т Р А Д И Ц И О Н Е Н Щ Д Ъ
```

АКАДЕМИЯ
ИЗКУСТВО
КЛАСИЧЕСКИ
ПАРТНЬОР
ХОРЕОГРАФИЯ
ТЯЛО
КУЛТУРА
КУЛТУРЕН

ЕМОЦИЯ
БЛАГОДАТ
ДВИЖЕНИЕ
МУЗИКА
ПОЗА
РЕПЕТИЦИЯ
РИТЪМ
ТРАДИЦИОНЕН

42 - Commedia

```
А А П Л О Д И С М Е Н Т И А
М К Б Ц В Я Б Д Т Й Я Е З К
Ь И Т Е Л Е В И З И Я А Р Т
Н П А Р О Д И Я А Ч Т Т А Ь
П У Б Л И К А М Б Ф Ь Ъ З О
Ж А Н Р С С Ш М А Я А Р И Р
И Г М Б А М А Е В Ш Б Н Т Й
В Г И У Ц Я Е Ъ Л К К И Е Щ
В Й С М И Х Е Ш Е Ъ Л Ъ Л Х
Я И Ж Е Ш У У И Н В О Р Е Б
Ш С Ц Н Н М М Ю И О У Н Н Ь
И А И О Щ О Ж У Е Г Н В Д Я
Ц Щ К П В Р Н П Н Д И У Ь Ъ
Д Щ Ж И С Е Ш Ц П О Щ Р Ч Й
```

АПЛОДИСМЕНТИ УМЕН
АКТЬОР ПАРОДИЯ
АКТРИСА ПУБЛИКА
КЛОУНИ СМЯХ
СМЕШНО ВИЦОВЕ
ЗАБАВЛЕНИЕ ТЕАТЪР
ИЗРАЗИТЕЛЕН ТЕЛЕВИЗИЯ
ЖАНР ХУМОР

43 - Scuola #1

К	И	Й	Щ	И	Х	А	Р	Т	И	Я	П	П	Ъ
М	Л	Й	Н	Л	Ц	Х	Ж	Ф	Ч	Ю	А	Ш	О
Ъ	Ч	А	Е	Ю	У	Ф	Ф	Я	П	У	П	Ч	Т
З	О	Б	С	Ю	А	К	Н	И	Г	И	Б	С	Г
М	А	Т	Е	М	А	Т	И	К	А	Ч	С	О	О
И	З	Б	И	Б	Л	И	О	Т	Е	К	А	М	В
З	Б	Ю	А	Б	М	М	Б	Ч	У	М	К	А	О
П	У	Р	И	В	О	Д	Я	Ш	Ч	Л	А	Р	Р
И	К	О	А	Ю	Л	Д	Д	Щ	И	У	М	К	И
Т	А	О	С	Б	И	Е	Ц	Ч	Т	Щ	Л	Е	Ж
И	С	Т	О	Л	В	М	Н	Р	Е	Ю	Щ	Р	К
С	П	А	П	К	И	Л	Н	И	Л	М	У	И	У
Р	К	Л	Р	П	Р	И	Я	Т	Е	Л	И	И	Ф
В	Ж	С	Х	Х	В	И	К	Т	О	Р	И	Н	А

АЗБУКА
ПРИЯТЕЛИ
КЛАС
БИБЛИОТЕКА
ХАРТИЯ
ПАПКИ
ЗАБАВЛЕНИЕ
ИЗПИТИ
УЧИТЕЛ

КНИГИ
МАРКЕРИ
МАТЕМАТИКА
МОЛИВ
ОБЯД
ВИКТОРИНА
ОТГОВОРИ
БЮРО
СТОЛ

44 - Fiori

Б	Л	Ф	Ф	Щ	Й	Ю	Д	Ъ	С	Л	А	Л	Е
А	Л	К	С	Н	Е	В	Е	Н	Л	И	Л	И	Я
У	Й	Ю	Ш	Ъ	М	В	Т	Е	Ъ	Ю	Ф	Т	С
Х	Ш	Р	Г	Ъ	А	М	Е	Ь	Н	В	Л	Ь	Р
И	П	Ь	Л	О	Г	С	Л	Ч	Ч	Е	А	Я	М
Б	О	Ж	У	Р	Н	Щ	И	П	О	Н	В	Н	К
И	Р	А	Х	Ж	О	Л	Н	Ш	Г	Ч	А	Ц	Ш
С	Х	С	А	Б	Л	М	А	К	Л	Е	Н	А	Е
К	И	М	Р	Ж	И	Ъ	В	У	Е	Л	Д	Н	Н
У	Д	И	Ч	И	Я	В	Т	О	Д	И	У	А	Г
С	Е	Н	Е	Б	У	К	Е	Т	Ф	С	Л	Р	М
Р	Я	Г	А	Р	Д	Е	Н	И	Я	Т	А	Ц	Ц
М	А	Р	Г	А	Р	И	Т	К	А	Ч	Й	И	Ю
Р	О	З	А	Ш	О	В	Й	Ь	Х	Е	Ф	С	Е

НЕВЕН
ГЛУХАРЧЕ
ГАРДЕНИЯ
ЖАСМИН
ЛИЛИЯ
СЛЪНЧОГЛЕД
ХИБИСКУС
ЛАВАНДУЛА
ЛЮЛЯК
МАГНОЛИЯ

МАРГАРИТКА
БУКЕТ
НАРЦИС
ОРХИДЕЯ
МАК
БОЖУР
ВЕНЧЕЛИСТЧЕ
РОЗА
ДЕТЕЛИНА
ЛАЛЕ

45 - Ecologia

```
С О Р Т П Ф Е Ц Ц Ц Б Г П Р
Ъ Х С А П Р И Р О Д А Е Р А
О Е У В Г Л О Б А Л Е Н И З
В И Ш Ж Ч Х А Ш Ж Ц Д Л Р Н
М Р А Я Я Ь П Н Ф Г О К О О
О Б Щ Н О С Т И И А О О Д О
Р Ф Ж О Я Ь Р Ц Б Н У Ъ Е Б
С Р Е С У Р С И Л Ш И Н Н Р
К О Н Ф Л О Р А А Т Ц Х А А
И Л О Б Д И Л Х Т Б С Е Щ З
Н Д И Е Г Щ Г П О Ф Д Щ Х И
Ю Т Т М О Ц Е Л Я В А Н Е Е
Ч И К Р А Р А С Т Е Н И Я У
Ш А Т У С Т О Й Ч И В И Д Ь
```

КЛИМАТ	ПРИРОДЕН
ОБЩНОСТИ	БЛАТО
РАЗНООБРАЗИЕ	РАСТЕНИЯ
ФАУНА	РЕСУРСИ
ФЛОРА	СУША
ГЛОБАЛЕН	ОЦЕЛЯВАНЕ
МОРСКИ	УСТОЙЧИВ
ПЛАНИНИ	ВИД
ПРИРОДА	СОРТ

46 - Discipline Scientifiche

```
Л И Н Г В И С Т И К А П Д А
Н Е В Р О Л О Г И Я О С Н С
Й О Я Ф И З И О Л О Г И Я Т
У Ч Ж Х Е А Я И Т К Х Х М Р
М Ш У Ю Щ Н Х К Ш Ц Ч О И О
К Е Л В У А Ь Н Б Е Ь Л Н Н
Ъ Я Х Б О Т А Н И К А О Е О
С Г Н А С О Я Ж О О Ж Г Р М
Ь К Ц Н М Б Я Х Л Ъ И А И
Х И М И Я И Б В И О Ю Я Л Я
О С И Ю Ф Я К Ъ М Г Я К О Щ
Х Д Й Ж Ф Е К А И И Х Д Г Ш
Б И О Л О Г И Я Я Я Ж В И С
М Е Т Е О Р О Л О Г И Я Я Т
```

АНАТОМИЯ	ФИЗИОЛОГИЯ
АСТРОНОМИЯ	ЛИНГВИСТИКА
БИОХИМИЯ	МЕХАНИКА
БИОЛОГИЯ	МЕТЕОРОЛОГИЯ
БОТАНИКА	МИНЕРАЛОГИЯ
ХИМИЯ	НЕВРОЛОГИЯ
ЕКОЛОГИЯ	ПСИХОЛОГИЯ

47 - Scienza

```
Х Ч Т Г Ъ Ц М И Н Е Р А Л М
И Х И М И Ч Е С К И Е Т А О
П П В В Ю Ф А К Т Ж Д О Б Л
О Ш О П И С И Л Ь Ь А М О Е
Т Е К С П Е Р И М Е Н Т Р К
Е П Е О М Ь Х М Т М Н С А У
З Ъ Р М И М А И Е И Ч Т Л
А У Ф И А Г Н Т Л Т Я А О И
К Ч И А Р Ъ А Е С О Ь С Р У
Г Е З Е Т О У Н Р Д Л Т И Ю
Ь Н И Г Т Р Д Б И А О И Я Б
Р Х К Ж С Ь Щ А Ь З Л Ц К Ь
Г Р А В И Т А Ц И Я Ъ И К У
Н А Б Л Ю Д Е Н И Е Ю М О Е
```

АТОМ	ЛАБОРАТОРИЯ
ХИМИЧЕСКИ	МЕТОД
КЛИМАТ	МИНЕРАЛИ
ДАННИ	МОЛЕКУЛИ
ЕКСПЕРИМЕНТ	ПРИРОДА
ФАКТ	ОРГАНИЗЪМ
ФИЗИКА	НАБЛЮДЕНИЕ
МИНЕРАЛ	ЧАСТИЦИ
ГРАВИТАЦИЯ	УЧЕН
ХИПОТЕЗА	

48 - Acqua

```
Ж Л Н И З П А Р Я В А Н Е В
С У Р А Г А Н Ю Ц М Р А З Л
Я Х Е И В Л А Ж Н А В П В А
В Ъ Л Н И О К Е А Н Р О Ц Г
Ш Р Я Д К У Д Ъ Ж Д Й Я Д А
В В Е Е Ц К А Н А Л С В М Ч
К Ю Е К Д Я Ъ Л Е Д П А Р А
Р М Щ А А Щ М К Ч Н Р Н Ш Ш
Г Е Ш Щ Д Я Н Х Х М И Е И Е
Б Л Ж С Т У Б Н П В О Е С Й
А Л А Н Е З Е Р О Д П П Ш Т
С Ш С Я М У С О Н Н У О А Щ
К Г Щ Г Г Е Й З Е Р Н Ш Л Ю
Е Ъ Ъ Х О Й Я С П Р С Ъ Х Ж
```

НАВОДНЕНИЕ	МУСОН
КАНАЛ	СНЯГ
ДУШ	ОКЕАН
ИЗПАРЯВАНЕ	ВЪЛНИ
РЕКА	ДЪЖД
МРАЗ	ВЛАГА
ГЕЙЗЕР	ВЛАЖНА
ЛЕД	УРАГАН
НАПОЯВАНЕ	ПАРА
ЕЗЕРО	

49 - Gatti

```
М Д Л О В Е Ц Г И Ц И Ю С Н
Ю И У И Е П Б Ь Л К Л К Р Е
Г В Ш Б Ч Г Р Ф А Д В У О З
Р А Ю К П Н Л Ш П Р Е Ж Д А
Т И Ъ Л А О О И А Т Е Ш Ф В
Й Ь Б У Ю К Б С Р Х Й Ф Ь И
Й Б Ъ Ф Б Ъ Р З Т Ъ Ц Ф Т С
Н Х Ь Ш М Т Х Ч Ь М П Ш Д И
С Р А М Е Ж Л И В И Б Ш П М
А О М Ж С М Е Ш Н О Ц Ь Л А
Л Ю Б О П И Т Е Н Х Ц Л Ж Л
Л Н А М Я Ш Р Ч Ж Х Й О Ъ К
О П А Ш К А Ш Н Б О Я Т Ф О
Б А Ф Щ Ъ Н К Е В Н К Н Ъ В
```

НОКЪТ	ЛУД
ЛОВЕЦ	ЛИЧНОСТ
ОПАШКА	МАЛКО
ЛЮБОПИТЕН	ДИВ
СМЕШНО	СРАМЕЖЛИВ
СПЯ	МИШКА
ПРЕЖДА	БЪРЗ
НЕЗАВИСИМ	ЛАПА

50 - Surf

```
С Т И Л Е Р К П П Х М Т Т Х
Т Ъ О Г К Ц Ф Х Ъ Л Н Г С В
О Л К Ж С П О П У Л Я Р Е Н
М П Е Я Т Л В Р Е М Е Е М А
А И Ш У Р А Т Ъ Ж Й Р Б Ц Ч
Х У Ч А Е Ж Х Я Л М В Л О И
С И Л А М С Ю Х Ж Н Л О А Н
П Я Н А Н П П И Т М А Ц Г А
Р К И Ж И Ф И О Ч Л Д Ж Г Е
Е У Д Л Л Ц О О Р Ж Ъ Р Б Щ
Й С К О Р О С Т Н Т У Т Я Л
З А Б А В Л Е Н И Е И Р О М
Щ Б Т Л М Д О Ф А У Ж С Ч Х
О К Е А Н О Р И Ф Ш Ф Щ Т Ю
```

СПОРТИСТ	ПОПУЛЯРЕН
ШАМПИОН	НАЧИНАЕЩ
ЗАБАВЛЕНИЕ	ПЯНА
ЕКСТРЕМНИ	РИФ
ТЪЛПИ	ПЛАЖ
СИЛА	СПРЕЙ
ВРЕМЕ	СТИЛ
ОКЕАН	СТОМАХ
ВЪЛНА	СКОРОСТ
ГРЕБЛО	

51 - Imbarcazioni

```
М Р Ц Д А М Й Я И Ю Щ К П О
О А Е У В Ц Ю Х Т Х Ж А М Ч
Р Г Ч К Ь И Я Т С А Л Ь М О
С Н Й Т А М Г А Я И Ж П О Ф
К А Н У А П О А Ю Щ Ь Л Р Е
И Е З Е Р О Ф Ъ Т Л В А Я Р
Ш А М А Н Д У Р А Е Ъ Т К И
П Р И Л И В Ъ Ж Е М Л Н А Б
О Р Й К Я Я Ф Ч П О Н О Я О
Ь А О Ь Ц Ъ У В Е Р И Х К Т
Я О Ь М Л П Х Б Ф Е Ц О О Б
Д Т Й Р Ш С П П У Д Г Д Т И
О К Е А Н Е К И П А Ж К В Ъ
У М Д Т Ф Ч Х К К Щ К А А Н
```

МАЧТА	МОРЕ
КОТВА	ПРИЛИВ
ПЛАТНОХОДКА	МОРЯК
ШАМАНДУРА	ДВИГАТЕЛ
КАНУ	МОРСКИ
ВЪЖЕ	ОКЕАН
ЕКИПАЖ	ВЪЛНИ
РЕКА	ФЕРИБОТ
КАЯК	ЯХТА
ЕЗЕРО	САЛ

52 - Api

```
Л Х Д С И Ь Р Е П Т П Р Н Х
Д Л Д Л Г Р Ч К Р И Л А А О
Р Ш В Ъ Т Х Р О А П В З С П
Й О Ц Н Ц И Ц С Ш Я О Н Е Л
Л Ц Щ Ц Ф У Р И Е Ш С О К О
П Л В Е Ш Ь Л С Ц Б Ъ О О Д
Н Е Й Е Б Ж Г Т М Ь К Б М О
Е М Е Д Т Ф Р Е Ь А Ж Р О В
Г С Я И Щ Я А М К Г Щ А Ч Е
Х Ф М М П Ж Д А К Р Т З У Ь
Р А С Т Е Н И Я Ь О Ф И Ш Д
А П О Л Е З Н О У Я Ш Е Ц Ъ
Н М М Ь Я Ч А Т И К А Е Ф Л
А Г Д К Р А Л И Ц А Ъ К Р М
```

КРИЛА	ДИМ
КОШЕР	ГРАДИНА
ПОЛЕЗНО	НАСЕКОМО
ВОСЪК	МЕД
ХРАНА	РАСТЕНИЯ
РАЗНООБРАЗИЕ	ПРАШЕЦ
ЕКОСИСТЕМА	КРАЛИЦА
ЦВЕТЯ	РОЯК
ПЛОДОВЕ	СЛЪНЦЕ

53 - Strumenti Musicali

```
Т  М  А  Н  Д  О  Л  И  Н  А  М  Ш  П  Ц
Р  Х  Ш  Ф  А  Г  О  Т  С  Д  А  К  И  И
О  С  К  Л  А  Р  И  Н  Е  Т  Р  И  А  Г
М  Ш  Д  Е  А  Р  Ф  А  О  Ф  И  Т  Н  У
П  Ц  Ж  Й  Ш  Я  Г  С  Г  Т  М  А  О  Л
Е  Ч  Л  Т  Р  О  М  Б  О  Н  Б  Р  У  К
Т  И  Б  А  Р  А  Б  А  Н  Ц  А  А  Ю  А
С  А  К  С  О  Ф  О  Н  Г  Щ  Н  К  О  О
М  Е  Т  С  П  Е  У  Ф  Х  О  А  Н  Я  Б
Ц  Щ  О  У  Л  Я  Д  Б  Е  Х  И  А  С  О
Л  М  Ж  Х  К  Ю  А  Щ  Е  Ж  Е  Я  Ь  Й
Щ  Ц  С  В  Х  А  Р  М  О  Н  И  К  А  Е
Б  А  Н  Д  Ж  О  Н  Д  А  Й  Р  Е  Л  К
У  Н  К  Й  Ч  Т  И  Ш  Ъ  И  Я  С  Ъ  Щ
```

ХАРМОНИКА
АРФА
БАНДЖО
КИТАРА
КЛАРИНЕТ
ФАГОТ
ФЛЕЙТА
ГОНГ
МАНДОЛИНА
МАРИМБА

ОБОЙ
УДАРНИ
ПИАНО
САКСОФОН
ДАЙРЕ
БАРАБАН
ТРОМПЕТ
ТРОМБОН
ЦИГУЛКА

54 - Professioni #2

```
С  И  Л  Т  Л  А  Д  Х  Ж  Ф  Х  Х  З  Ж
К  Л  Ж  Й  И  С  П  Д  Ф  Щ  И  У  Ъ  У
У  Ю  Я  В  Н  Т  П  Ц  Р  У  Р  Д  Б  Р
Щ  С  В  Ж  Г  Р  П  И  Н  Ф  У  О  О  Н
Ч  Т  О  Ю  В  О  Ю  Т  Л  Я  Р  Ж  Л  А
Г  Р  А  Д  И  Н  А  Р  Ф  О  Г  Н  Е  Л
Ф  А  Н  Ь  С  А  Е  Б  О  Л  Т  И  К  И
О  Т  О  С  Т  В  Е  М  С  Й  Е  К  А  С
Т  О  С  Ъ  Г  Т  Т  Е  Ь  Ч  Ш  К  Р  Т
О  Р  С  Л  Е  Д  О  В  А  Т  Е  Л  А  Б
Г  Б  И  О  Л  О  Г  И  Н  Ж  Е  Н  Е  Р
Р  В  И  З  С  Л  Е  Д  О  В  А  Т  Е  Л
А  Б  И  Б  Л  И  О  Т  Е  К  А  Р  Я  А
Ф  И  Л  О  С  О  Ф  У  Ч  И  Т  Е  Л  Щ
```

АСТРОНАВТ	ИЛЮСТРАТОР
БИБЛИОТЕКАР	ИНЖЕНЕР
БИОЛОГ	УЧИТЕЛ
ХИРУРГ	СЛЕДОВАТЕЛ
ЗЪБОЛЕКАР	ЛИНГВИСТ
ФИЛОСОФ	ЛЕКАР
ФОТОГРАФ	ПИЛОТ
ГРАДИНАР	ХУДОЖНИК
ЖУРНАЛИСТ	ИЗСЛЕДОВАТЕЛ

55 - Letteratura

```
А Р Щ Ж А Н Р В Б С Н Ц Р Д
Н И Б П Н Й Н С В В Т Ц Ч И
А Т И У Е Ф Р Т Е М А И Л А
Л Ъ Д М К З Ь И А Р К М Л Л
И М Х Я Д А Т Х М Й М Т Б О
З Т М Ц О К Р О М А Н П И Г
Х Г Ж К Т Л А Т Н Н Е О О С
Х Ь Щ Н И Ю Г В Я А Н Е Г Ц
О В Л Н Р Ч Е О Т Л И Т Р В
О Н Й М И Е Д Р С О Е И А М
О П И С А Н И Е Ф Г Р Ч Ф В
Щ А О Х Ф И Я Н Н И Ф Е И Н
С Р А В Н Е Н И Е Я Й Н Я О
Б Ц Ж Е И Ш М Е Т А Ф О Р А
```

АНАЛИЗ	МЕТАФОРА
АНАЛОГИЯ	МНЕНИЕ
АНЕКДОТ	СТИХОТВОРЕНИЕ
АВТОР	ПОЕТИЧЕН
БИОГРАФИЯ	РИМА
ЗАКЛЮЧЕНИЕ	РИТЪМ
СРАВНЕНИЕ	РОМАН
ОПИСАНИЕ	СТИЛ
ДИАЛОГ	ТЕМА
ЖАНР	ТРАГЕДИЯ

56 - Cibo #2

```
П  Н  Ю  К  И  С  Е  Л  О  М  Л  Я  К  О
Ч  Л  Ю  Я  Ж  Ъ  Я  П  Б  Т  О  Ъ  Ф  Ч
Р  М  О  Ц  П  С  Ф  Ц  Т  Ю  Д  Л  Г  К
К  Ю  У  С  В  Ф  Щ  А  П  Н  В  Р  Ъ  Б
П  А  Т  Л  А  Д  Ж  А  Н  Я  Р  Ф  Б  Р
Ц  Е  Л  И  Н  А  Ш  Ч  Х  Л  Я  Б  А  О
Ъ  Л  Ж  Г  Р  О  З  Д  Е  О  В  П  Ь  К
Д  О  М  А  Т  Б  Щ  С  И  Р  Е  Н  Е  О
Ш  Ш  О  К  О  Л  А  Д  Ш  И  Е  Ж  Д  Л
П  У  Р  И  Б  А  Щ  Н  С  З  Т  Ш  И  И
И  Ь  Н  А  Й  Д  К  Г  А  Щ  Е  Р  А  Я
Л  Я  Ш  К  И  В  И  М  Н  Н  С  А  Й  Й
Е  Ч  У  Ь  А  Ж  П  Ш  Е  Н  И  Ц  А  Ц
Щ  Ъ  Я  Б  Ъ  Л  К  А  Ъ  Ь  Х  К  Д  Е
```

БАНАН	ХЛЯБ
БРОКОЛИ	РИБА
ЧЕРЕША	ПИЛЕ
ШОКОЛАД	ДОМАТ
СИРЕНЕ	ШУНКА
ГЪБА	ОРИЗ
ПШЕНИЦА	ЦЕЛИНА
КИВИ	ЯЙЦЕ
ЯБЪЛКА	ГРОЗДЕ
ПАТЛАДЖАН	КИСЕЛО МЛЯКО

57 - Nutrizione

```
Ю Ж В О П Ф К А Л О Р И И С
Ж С Ъ Д И Е Т А П Н Е Б Р О
Ъ П Г Щ Х Р А П Е Т И Т Ь С
Ч П Л К Р М В И Т А М И Н Б
К Р Е С А Е Е Ц Ь С К О Д П
Ш О Х З Н Н К А Ч Е С Т В О
Т Т И Д И Т Г Я Д Н И Е Ц Д
Е Е Д Р Т А О О З Ф Ж Г Т П
Ч И Р А Е Ц Т К Р Д Х Л Е Р
Н Н А В Л И С Ь С Ч Р О О А
О И Т Е Н Я Е П Ш И И А К В
С К И Б О Ж Ц Ю К Я Н В В К
Т Б А Л А Н С И Р А Н Б Ш И
И Х Х Р А Н О С М И Л А Н Е
```

ГОРЧИВ	ХРАНИТЕЛНО
АПЕТИТ	ТЕГЛО
БАЛАНСИРАН	ПРОТЕИНИ
КАЛОРИИ	КАЧЕСТВО
ВЪГЛЕХИДРАТИ	СОС
ЯДНИ	ЗДРАВЕ
ДИЕТА	ЗДРАВ
ХРАНОСМИЛАНЕ	ПОДПРАВКИ
ФЕРМЕНТАЦИЯ	ТОКСИН
ТЕЧНОСТИ	ВИТАМИН

58 - Matematica

```
Л А Г Е О М Е Т Р И Я П И Я
Ю С Т Е П Е Н Й Ю О Т Р Ъ У
П И Д С К Л Д Й Д Б Б А У Й
Е М И Е Ф Р А К Ц И Я В Р Ч
Р Е А Т С Л Р А Я К П О А Ъ
И Т М Р У Е И П Ж О О Ъ В М
М Р Е И М У Т Р К Л Л Г Н С
Е И Т Ъ А П М И Ъ К И Ъ Е Ф
Т Я Ъ Г Л И Е Л Ч А Г Л Н Е
Ъ У Р Ъ И Ф Т И Л Е О Н И Р
Р Т Б Л С Х И К Ч К Н И Е А
Х Г У Н Д Н К А Л Ч Щ К Ж Ж
Ц И Й И К В А Д Р А Т Б Р Б
Н С В К С Т Ч Б Р А Д И У С
```

ЪГЛИ	ПЕРИМЕТЪР
АРИТМЕТИКА	ПОЛИГОН
ОБИКОЛКА	КВАДРАТ
ДЕСЕТИЧЕН	РАДИУС
ДИАМЕТЪР	ПРАВОЪГЪЛНИК
УРАВНЕНИЕ	СФЕРА
СТЕПЕН	СИМЕТРИЯ
ФРАКЦИЯ	СУМА
ГЕОМЕТРИЯ	ТРИЪГЪЛНИК
ПРИЛИКА	

59 - Bagno

Г	Ю	Г	М	Ж	Я	Х	Ш	Ь	Ю	Ч	К	Ъ	В
К	Ь	О	Г	Л	Е	Д	А	Л	О	Ю	Ю	Ю	Р
О	К	Ц	Ж	Й	Х	Г	М	Д	О	Ц	Ь	И	А
П	Ъ	Ц	Х	Ж	Р	Т	П	Ц	У	С	С	Г	П
Ю	Р	Ю	Ц	Ь	И	Д	О	К	И	Л	И	М	В
И	П	А	Р	А	Ъ	П	А	Р	Ф	Ю	М	О	Ш
Т	А	А	Ш	Н	Д	В	Н	А	Х	Ц	Е	Х	Н
В	О	Ж	Ь	Щ	Б	Р	О	Н	Р	У	Х	Г	Щ
Ф	О	А	Ж	П	К	Ф	Ж	Д	Ч	Б	У	Ч	Я
Щ	Е	Д	Л	Д	Х	Ц	И	Й	Л	Г	Р	Д	Ш
Ж	Ж	Ж	А	Е	Ч	П	Ц	Д	Ч	Ъ	Ч	У	Р
Р	Г	П	А	Й	Т	Б	А	Н	Я	Б	Е	Ш	К
Ю	Й	Щ	Л	Щ	Б	Н	Ж	Ч	М	А	Т	И	Х
П	Л	Ш	У	Й	М	С	А	П	У	Н	А	А	Ч

ВОДА
КЪРПА
БАНЯ
МЕХУРЧЕТА
ДУШ
НОЖИЦА
ТОАЛЕТНА
ЛОСИОН

ПАРФЮМ
КРАН
САПУН
ШАМПОАН
ОГЛЕДАЛО
ГЪБА
КИЛИМ
ПАРА

60 - Meditazione

```
П Е Р С П Е К Т И В А Д П Н
У Б Ш Т Ъ Д Ь Ц Л Т М В Р А
М И С Л И С Я Е Ч Р У И И Б
С Д О Б Р О Т А Ю М З Ж Е Л
Т Д И Ш А Н Е Р А И И Е М Ю
В Ч Л А Н Д У М А Р К Н А Д
Е В Н И М А Н И Е Д А И Н Е
Н И Ъ П Р И Р О Д А А Е Е Н
Ъ П Я С Н О Т А Щ П Ь Н Г И
Б Л А Г О Д А Р Н О С Т И Е
Я Е М О Ц И И К М З Б Б У Е
Т И Ш И Н А Ъ А Ж А Т Ф И Ф
П Щ Д Г И Н С И Х У Ъ А Н М
Н Ж Ъ А Ъ Е Ц С П О К О Е Н
```

ПРИЕМАНЕ	ДВИЖЕНИЕ
ВНИМАНИЕ	МУЗИКА
СПОКОЕН	ПРИРОДА
ЯСНОТА	НАБЛЮДЕНИЕ
СЪСТРАДАНИЕ	МИР
ЕМОЦИИ	МИСЛИ
ДОБРОТА	ПОЗА
БЛАГОДАРНОСТ	ПЕРСПЕКТИВА
УМСТВЕН	ДИШАНЕ
УМ	ТИШИНА

61 - Estate

Л	Й	П	Ф	Е	К	П	З	Р	М	Г	Т	Г	Ц
Ъ	Х	Г	Д	Я	Ж	Р	В	Е	О	М	С	Р	Щ
К	Е	К	Т	Т	Щ	И	Е	Л	Р	У	Е	А	Т
С	Ъ	Ч	У	Е	Щ	Я	З	А	Е	Р	М	Д	Ц
Щ	П	М	Д	О	М	Т	Д	К	К	К	Е	И	Ж
Ц	Ф	О	П	Й	Н	Е	И	С	И	А	Й	Н	Л
Ш	Х	Х	М	И	Ь	Л	Й	А	О	Н	С	А	Ь
Л	Ч	Р	У	Е	Н	И	С	Ц	У	Е	Т	Ж	Ъ
Ш	Л	А	З	Р	Н	Г	А	И	Л	Р	В	Й	Р
Щ	К	Н	И	Г	И	И	Н	Я	С	Ш	О	И	М
Ш	А	А	К	М	Ь	Ч	Д	У	Н	П	Щ	О	Й
Й	П	Л	А	Ж	О	Р	А	Д	О	С	Т	Ъ	О
И	Г	Р	И	Й	Щ	Б	Л	Ь	Д	М	Б	У	Ъ
П	Ъ	Т	У	В	А	М	И	Ф	Й	Й	В	Л	Т

ПРИЯТЕЛИ
КЪМПИНГ
ДОМ
ХРАНА
СЕМЕЙСТВО
ГРАДИНА
ИГРИ
РАДОСТ
ГМУРКАНЕ

КНИГИ
МОРЕ
МУЗИКА
СПОМЕНИ
РЕЛАКСАЦИЯ
САНДАЛИ
ПЛАЖ
ЗВЕЗДИ
ПЪТУВАМ

62 - Escursionismo

```
С М П О Д Г О Т О В К А Т А
Т К Ъ М П И Н Г Е Л Ц Ш Я Б
В С А Ц Ю Ю К П Х Ж К Щ Я Т
Я П К К Ш К Ж Р Ш П Ъ Ш Ю Ю
Д И В А К О Л И Ц Д О К У О
Ъ П С Р Л М У Г В В О Д А Р
К Ц Л Т И А М Г Б О Т У Ш И
А П Ъ А М Р О А Я Т Т Е Ц Е
М Р Н И А И Р В П Л У Н Ч Н
Ъ И Ц Б Т Б Е Й В Р Ъ Х И Т
Н Р Е Ь Ч Х Н П Л А Н И Н А
И О Р Ъ К О В О Д С Т В А Ц
Л Д Ф Ф С П А Р К О В Е Д И
Ц А В Д Ю Я Ф Т Ь Д Г У Р Я
```

ВОДА	ТЕЖЪК
ЖИВОТНИ	КАМЪНИ
КЪМПИНГ	ПОДГОТОВКА
КЛИМАТ	СКАЛА
РЪКОВОДСТВА	ДИВ
КАРТА	СЛЪНЦЕ
ПЛАНИНА	УМОРЕН
ПРИРОДА	БОТУШИ
ОРИЕНТАЦИЯ	ВРЪХ
ПАРКОВЕ	КОМАРИ

63 - Professioni #1

```
Б Ф Ф Ц Д А С Т Р О Н О М Х
М И П Я Ъ Т П А П Л Ь А О У
У Л Ж И Ю У Х Н С Я Х Г Р Д
З Ф Я У Ш Й Й Ц И Ч В Т Я О
И Ъ Й У Т О У Ь Х В Н С К Ж
К Ф П Ч Р Е Ж О О Щ Щ Р Н Н
А А Д Е Е П Р Р Л О В Е Ц И
Н Р Р Н Н Г Й К О А С Г Й К
Т М В Т Ь П Щ А Г Х Ь Ь К Щ
Р А Щ Я О П О С Л А Н И К Ш
Е Ц Ю Ъ Р Г Е О Л О Г Р Ъ Ч
А Е С Ц Ь Ю Р А Д В О К А Т
Б В Г Ъ Ж О И А Б А Н К Е Р
Д Т Б Б Т Н Б Ж Ф Т Ш У О Ю
```

ТРЕНЬОР	КАРТОГРАФ
ПОСЛАНИК	ФАРМАЦЕВТ
ХУДОЖНИК	ГЕОЛОГ
АСТРОНОМ	БИЖУТЕР
АДВОКАТ	МОРЯК
ТАНЦЬОРКА	МУЗИКАНТ
БАНКЕР	ПСИХОЛОГ
ЛОВЕЦ	УЧЕН

64 - Antartide

```
П  К  И  М  И  Н  Е  Р  А  Л  И  Т  Б  Н
О  О  Т  Е  М  П  Е  Р  А  Т  У  Р  А  А
Б  С  Л  Х  Р  Л  Е  Д  Ъ  Ь  Ж  С  И  У
Л  Т  Т  У  З  А  П  А  З  В  А  Н  Е  Ч
А  Р  Г  Е  О  Г  Р  А  Ф  И  Я  Д  О  Е
Ц  О  У  Е  К  С  П  Е  Д  И  Ц  И  Я  Н
И  В  О  Н  Е  Ю  Т  Ч  Е  Ь  Р  О  Ц  К
Д  И  Б  Г  И  Т  С  Р  Е  Д  А  Ч  О  Г
Д  К  И  З  С  Л  Е  Д  О  В  А  Т  Е  Л
К  О  Н  Т  И  Н  Е  Н  Т  В  З  Д  К  Ь
К  И  Т  О  В  Е  М  И  Г  Р  А  Ц  И  Я
Л  Е  Д  Н  И  Ц  И  С  К  А  Л  И  С  Т
В  О  Д  А  Б  М  В  М  В  Р  И  У  Щ  Ш
Т  О  П  О  Г  Р  А  Ф  И  Я  В  Ц  Д  Н
```

ВОДА
СРЕДА
ЗАЛИВ
КИТОВЕ
ЗАПАЗВАНЕ
КОНТИНЕНТ
ГЕОГРАФИЯ
ЛЕДНИЦИ
ЛЕД
ОСТРОВИ

МИГРАЦИЯ
МИНЕРАЛИ
ОБЛАЦИ
ПОЛУОСТРОВ
ИЗСЛЕДОВАТЕЛ
СКАЛИСТ
НАУЧЕН
ЕКСПЕДИЦИЯ
ТЕМПЕРАТУРА
ТОПОГРАФИЯ

65 - Libri

```
К Т Б С П Л К Р О Т И Ъ И И
О Р Я Е Р Я О Й П Д Ъ Х С З
Л А А Р И Д Н К А Ь Й А Т О
Е Г В И К В Т Ь С Щ П Е О Б
К И Т Я Л О Е П И Ч Е Н Р Р
Ц Ч О Г Ю Й К О С И У П И Е
И Е Р Ч Ч С С Е Т Т Д В Ч Т
Я Н У Ю Е Т Т З О А У Л Е А
Р О М А Н В Л И Р Т Е У С Т
Т Я Е Л И Е Ъ Я И Е Т Х К Е
О Р С Ъ Е Н Ц Б Я Л Щ Ю И Л
Д Д Т К П О Т А П Я Н Е Ш Е
Ф Ц Е В Ъ С Т Р А Н И Ц А Н
Г Ж Н Л И Т Е Р А Т У Р А Я
```

АВТОР	ЧИТАТЕЛ
ПРИКЛЮЧЕНИЕ	СТРАНИЦА
КОЛЕКЦИЯ	ПОЕЗИЯ
КОНТЕКСТ	УМЕСТЕН
ДВОЙСТВЕНОСТ	РОМАН
ЕПИЧЕН	СЕРИЯ
ПОТАПЯНЕ	ИСТОРИЯ
ИЗОБРЕТАТЕЛЕН	ИСТОРИЧЕСКИ
ЛИТЕРАТУРА	ТРАГИЧЕН

66 - Geografia

```
С  Е  Ъ  П  Л  А  Н  И  Н  А  Ц  В  Щ  Ю
Е  В  Ю  Ъ  П  М  С  В  Я  Т  Л  И  Ц  Г
В  Г  Я  Ш  И  Р  И  Н  А  Л  И  С  Т  Р
Е  Г  Р  Т  Ф  Е  Т  М  Б  А  Ъ  О  К  С
Р  О  Е  А  Л  Г  Ц  Р  Ъ  С  Н  Ч  Е  К
П  И  Д  Ш  Д  И  Ч  Е  Д  Х  Г  И  Е  О
В  Ф  Б  Р  Д  О  С  Т  Р  О  В  Н  М  Н
Л  Г  Л  Б  Ъ  Н  К  К  С  Ю  В  А  О  Т
Ю  Ф  Е  И  Л  Ф  Х  А  В  Ф  Х  З  Р  И
Щ  Я  Р  К  Ж  О  И  И  Р  Л  И  А  Е  Н
Ф  М  Е  Р  И  Д  И  А  Н  Т  М  П  Х  Е
С  Т  Р  А  Н  А  Ц  Б  А  Ц  А  А  У  Н
Р  Е  К  А  А  Г  С  Ю  Ш  Д  Щ  Д  Н  Т
П  О  Л  У  К  Ъ  Л  Б  О  В  Р  К  Ч  Г
```

ВИСОЧИНА
АТЛАС
ГРАД
КОНТИНЕНТ
ПОЛУКЪЛБО
РЕКА
ОСТРОВ
ШИРИНА
ДЪЛЖИНА
КАРТА

МОРЕ
МЕРИДИАН
СВЯТ
ПЛАНИНА
СЕВЕР
ЗАПАД
СТРАНА
РЕГИОН
ЮГ

67 - Cibo #1

О	Й	Л	Ц	Н	Ч	Л	Р	Е	К	Щ	З	Б	Ъ
Х	Ч	Ю	И	Е	Щ	У	М	Е	С	О	А	О	А
Ж	Е	Ч	Е	М	И	К	Е	Д	Л	У	Х	С	В
М	Ц	Е	Л	С	О	К	Н	У	М	Ц	А	И	С
К	Р	У	Ш	А	Ъ	Н	Т	П	Щ	У	Р	Л	Ф
Ф	Д	В	Х	И	Ч	К	А	Н	Е	Л	А	Е	Р
Ъ	Ф	К	Я	Л	Т	О	Р	Т	А	Я	Б	К	М
Ъ	Ф	Ч	У	О	Ф	Н	И	Ч	Я	М	Я	А	Л
Т	Й	Н	Е	А	Е	Б	Щ	Я	Г	О	Д	А	Я
Ю	О	Н	С	С	П	А	Н	А	К	Р	Р	Ъ	К
Щ	Ш	Н	Ш	О	Ъ	Б	Ш	К	И	К	Я	Ц	О
Ъ	А	Ь	С	Л	У	Н	К	Г	Ц	О	П	С	О
Ц	И	Ю	А	Н	И	М	В	Ь	Т	В	А	О	М
С	А	Л	А	Т	А	Б	Я	П	М	И	Щ	Х	Я

ЧЕСЪН   МЕНТА
БОСИЛЕК   ЕЧЕМИК
КАНЕЛА   КРУША
МЕСО   РЯПА
МОРКОВ   СОЛ
ЛУК   СПАНАК
ЯГОДА   СОК
САЛАТА   ТОН
МЛЯКО   ТОРТА
ЛИМОН   ЗАХАР

68 - Aeroplani

П	П	П	И	С	Т	О	Р	И	Я	Ш	Ч	Г	В
Ъ	Р	Т	О	Я	О	И	И	С	К	Ь	Д	О	О
Т	И	Р	Я	С	П	У	С	К	А	Н	Е	Р	Д
Н	К	П	Х	Ь	О	Т	Й	В	Ц	О	Г	И	О
И	Л	Й	Ф	Е	У	К	Ш	И	А	Х	Н	В	Р
К	Ю	А	Н	Е	Б	Е	А	С	Н	Н	О	О	О
Ж	Ч	И	Т	Б	А	Д	А	О	Е	Й	Ь	Т	Д
С	Е	М	В	М	Л	К	У	Ч	Ю	Н	Д	Ш	Ш
Ч	Н	Ц	И	У	О	Ч	Д	И	З	А	Й	Н	А
В	И	Т	Л	А	Н	С	Я	Н	П	И	Л	О	Т
Я	Е	К	И	П	А	Ж	Ф	А	Г	Ч	Й	П	В
Е	К	С	Т	Р	О	И	Т	Е	Л	С	Т	В	О
Д	В	И	Г	А	Т	Е	Л	Т	Р	Г	Б	И	Р
В	Ъ	З	Д	У	Х	Д	К	Щ	Ж	А	Е	Ж	Р

ВИСОЧИНА
ВЪЗДУХ
АТМОСФЕРА
КАЦАНЕ
ПРИКЛЮЧЕНИЕ
ГОРИВО
НЕБЕ
СТРОИТЕЛСТВО
ДИЗАЙН
ПОСОКА

СПУСКАНЕ
ВИТЛА
ЕКИПАЖ
ВОДОРОД
ДВИГАТЕЛ
БАЛОН
ПЪТНИК
ПИЛОТ
ИСТОРИЯ

69 - Pirati

```
Р Щ С Ъ К Р О В И Щ Е Й И В
О Ш Я А Ф Е О П А С Н О С Т
М Ю Л Б Ш А С Р Ж У Л Б Л П
П Т М О Н Е Т И Ц Х И К Е А
Ъ А З Ш Ъ М Р К Х Ш У П Г П
Ж Л Ф Л А Г О Л О Е У М Е А
Е К И П А Ж В Ю Т М Е Г Н Г
П Д Ж Л Ф Т К Ч У Ц П К Д А
Б Е Ь А П Ч О Е С П Ф А А Л
Е Ч Щ Ж Х Е В Н Л О И Р С П
Л У С Е Г О Н И О К О Т В А
Е Щ Т Й Р Х У Е Ш Ь Ъ А П Ъ
Г Ф Я О К А П И Т А Н Б Ь Ц
Щ Ш Щ А У А Щ Ц М Е Ч Х Ц И
```

КОТВА	ЛЕГЕНДА
ПРИКЛЮЧЕНИЕ	КАРТА
ФЛАГ	МОНЕТИ
КОМПАС	ЗЛАТО
КАПИТАН	ПАПАГАЛ
ЛОШ	ОПАСНОСТ
БЕЛЕГ	РОМ
ЕКИПАЖ	МЕЧ
ПЕЩЕРА	ПЛАЖ
ОСТРОВ	СЪКРОВИЩЕ

70 - Colori

```
Ш Б Ф Ь Н К Б В О Б И Ч К А
Щ Ц У С И Н А У Ь Е Ч Б И Х
Ю Л В У Н Ж О Ф У Ж Ч Ъ А Ч
Т О О О Д Д П Ю Я О Ъ Ц Е Я
И П И Ц И А Н Т Ь В В Л Я Р
Й Ф У Р Г Д Ч К Ч Х Ч Д Т И
У Щ Ь У О Б Ч Г Е Л И Л А В
Ч Е Р Е Н З Ж О Р А Н Ж Е В
Г Ц В Л Х Д О П В З П Ц Ъ Ъ
Р Ж А О С И В В Е У П Б С У
Й Т М Щ Е К Т М Н Р Ц Я Х О
Я У Ж Б П Ч Т К Ь Е Ф Л Р Щ
В Л Р У И Б Я Ц Л Н С Ж Б А
Х У Т Г Я З Е Л Е Н А М Р Ъ
```

ОРАНЖЕВ	ИНДИГО
ЛАЗУРЕН	КАФЯВ
БЕЖОВ	ЧЕРЕН
БЯЛ	РОЗОВ
СИН	ЧЕРВЕН
ЦИАН	СЕПИЯ
ОБИЧКА	ЗЕЛЕН
ЖЪЛТ	ЛИЛАВ
СИВ	

71 - Spiaggia

П	Ф	Й	Ч	В	П	У	Ц	П	О	К	П	П	Е
Г	Ь	Ж	Ж	Ъ	Щ	Ц	Ъ	И	С	Н	Л	Н	С
В	Л	О	Д	К	А	Р	И	Ф	Т	Б	А	Ф	Ю
С	О	К	М	Р	Ч	В	Щ	П	Р	Д	Т	Е	У
Ц	П	Е	Г	А	О	А	А	Я	О	Н	Н	С	Б
Я	Р	А	Ъ	Й	Ч	Д	Д	С	В	Ц	О	Ц	Н
С	И	Н	Ю	Б	Е	Н	Т	Ъ	Л	М	Х	Щ	О
А	Е	Ц	Ж	Р	П	С	Ю	К	Р	О	О	В	Н
Н	И	Щ	Д	Е	С	Щ	А	К	И	Р	Д	Ч	К
Д	Ю	А	Л	Ж	С	Ъ	Ь	Ю	Ъ	Е	К	Л	Д
А	Б	С	У	И	Ш	Щ	Ш	Е	Л	Р	А	К	О
Л	Т	П	Б	Е	Л	А	Г	У	Н	А	П	Ф	К
И	С	Л	Ъ	Н	Ц	Е	Ж	Д	В	Ш	М	А	Щ
Х	Ь	П	Л	Л	Ц	К	Ш	Ъ	О	Ъ	Ю	Ф	Б

КЪРПА
ЛОДКА
ПЛАТНОХОДКА
СИН
КРАЙБРЕЖИЕ
ДОК
РАК
ОСТРОВ

ЛАГУНА
МОРЕ
ОКЕАН
ЧАДЪР
ПЯСЪК
САНДАЛИ
РИФ
СЛЪНЦЕ

72 - Avventura

```
Д Е С Т И Н А Ц И Я Л Л Ж Ч
П Б К Н П Р И Я Т Е Л И Д Ф
О П Р С Е Н Д Д Е Й Н О С Т
Д К А Ц К О Ф Б К Г У П Т Б
Г М С Ъ Т У Б А Г Б Ф А Р Е
О А О П Щ Ъ Р И А Ъ С С У З
Т Р Т О Л Ъ Щ З Ч Ф Й Е Д О
О Ш А Н С Ж П П И А Ж Н Н П
В Р Д Х О Ь У Р Ж Я Е Ж О А
К У У Ъ И Й Ж И Р Ж В Н С С
А Т Е Д Д Х Н Р А Д О С Т Н
И Х Ъ В Ъ З М О Ж Н О С Т О
П Ъ Т У В А Я Д В А С Ю П С
Ю Е Н Т У С И А З Ъ М В Ь Т
```

ПРИЯТЕЛИ	НЕОБИЧАЕН
ДЕЙНОСТ	МАРШРУТ
КРАСОТА	ПРИРОДА
ШАНС	НОВ
ДЕСТИНАЦИЯ	ВЪЗМОЖНОСТ
ТРУДНОСТ	ОПАСЕН
ЕНТУСИАЗЪМ	ПОДГОТОВКА
ЕКСКУРЗИЯ	БЕЗОПАСНОСТ
РАДОСТ	ПЪТУВА

73 - Forme

Е	К	Ю	Ц	У	Ф	К	Ц	Ш	Л	Ъ	Ж	У	С
Л	О	Х	И	П	Е	Р	Б	О	Л	А	Г	Е	Н
И	Н	С	Л	Ш	Щ	Ъ	В	Ж	Ь	Х	К	Ъ	Ф
П	У	Ф	И	Ю	П	Г	К	Р	И	В	А	Т	Л
С	С	Е	Н	К	Щ	О	Б	Р	Б	Е	О	Д	Я
А	И	Р	Д	Ъ	Г	А	Л	Р	Ъ	Б	О	В	Е
К	Ь	А	Ъ	Я	С	Я	П	И	Щ	Я	Т	И	П
У	Ч	Р	Р	Е	Я	Г	Щ	У	Г	Я	Г	В	И
Б	О	В	А	Л	С	К	Ъ	И	У	О	Ю	В	Р
П	Р	И	З	М	А	Т	Ф	С	Й	К	Н	Л	А
К	В	А	Д	Р	А	Т	Р	Ц	Ц	В	В	И	М
В	О	М	Ж	О	И	Е	М	А	Д	И	О	Н	И
П	Р	А	В	О	Ъ	Г	Ъ	Л	Н	И	К	И	Д
Т	Р	И	Ъ	Г	Ъ	Л	Н	И	К	А	Ж	Я	А

ЪГЪЛ
ДЪГА
РЪБОВЕ
КРЪГ
ЦИЛИНДЪР
КОНУС
КУБ
КРИВА
ЕЛИПСА
ХИПЕРБОЛА

СТРАНА
ЛИНИЯ
ОВАЛ
ПИРАМИДА
ПОЛИГОН
ПРИЗМА
КВАДРАТ
ПРАВОЪГЪЛНИК
СФЕРА
ТРИЪГЪЛНИК

74 - Oceano

```
Г К Я М Щ Ф З Т Е Б Ф К Е О
Ж Ъ Ш И В М М Е Д У З А Щ Ф
Ь Х Б Х Ъ К И Ф П Д В Р Е Д
Ш Ф У А Л Ш О Е Ш Р Й И В Ц
К У Р Д Н О Р Д О Я С Ф Я Г
Щ С Я Т И С К Ю У П А О М Д
П Т О Н Ж О А Ь Щ Й С Е Ж Д
Г Р И Б А Л О Д К А Ь Ъ Ъ Ф
Ж И И Ж Л Й Ь У Х Й К С Р К
Н Д Ч Л К О С Т Е Н У Р К А
Х А Е А И О К Т О П О Д Ц В
О Е Щ Б Т В Р П Б Ч Н Р А К
С К А Р И Д И А К У Л А К Н
Й С К О О А Д Е Л Ф И Н Т Е
```

ЗМИОРКА	СТРИДА
КИТ	РИБА
ЛОДКА	ОКТОПОД
КОРАЛ	СОЛ
ДЕЛФИН	РИФ
СКАРИДИ	ГЪБА
РАК	АКУЛА
ПРИЛИВИ	КОСТЕНУРКА
МЕДУЗА	БУРЯ
ВЪЛНИ	ТОН

75 - Famiglia

Б	Ъ	Т	М	У	Я	Ж	Л	С	Ъ	П	Р	У	Г
Р	Л	Ш	А	Ф	У	Н	Е	Х	А	Р	У	Л	И
А	С	И	Й	Ф	Ю	О	Л	Н	И	Б	С	Ч	Я
Т	Г	Г	К	Ъ	Ю	Ц	Я	Ч	А	Д	Т	С	Г
О	Б	Е	А	Ю	С	Д	Ъ	Щ	Е	Р	Я	Р	Ч
В	Н	У	К	Г	М	Е	Е	Е	Т	Ю	О	Д	С
Ч	Ф	Ш	Б	Р	А	Т	А	Ц	М	Ф	П	Ц	О
Е	Х	В	А	У	Й	С	Е	Х	А	Ь	С	Г	С
Д	Р	Ж	Щ	Я	Ч	Т	Б	А	Щ	И	Н	А	Е
Й	Ъ	К	А	Ъ	И	В	Е	П	Т	Т	Ъ	Ч	С
Н	У	П	П	Т	Н	О	В	М	В	Ц	Ч	И	Т
П	Л	Е	М	Е	Н	Н	И	К	Л	Ч	Г	Ч	Р
Л	М	Ж	Х	Д	Е	С	Ъ	Д	Е	Т	Е	О	А
И	Ь	Ъ	В	Х	Б	А	Б	А	Ш	Щ	Р	Ч	О

ДЕЦА
ДЕТЕ
БРАТОВЧЕД
ДЪЩЕРЯ
БРАТ
ДЕТСТВО
МАЙКА
СЪПРУГ
МАЙЧИН
ЖЕНА

ПЛЕМЕННИК
ВНУК
БАБА
ДЯДО
БАЩА
БАЩИНА
СЕСТРА
ЛЕЛЯ
ЧИЧО

76 - Veicoli

```
В Л А К Т К Ц Д П Ф К Б А П
Р И М А Ш М С А У Е Й Б В О
Ь Н Е М Ц Ю Ц Ш М Р Ф Л Т Д
Б Е Т И Н Ф Г Ь О И Ь Ф О В
Б Й Р О Л К К А А Б Щ Ю Б О
Х К О Н Т Р А К Т О Р Й У Д
Н А В М Д В С К У Т Е Р С Н
Л К А Р А В А Н А А Н Й М И
Ч О Б Х Е Л И К О П Т Е Р Ц
У Ж Д Д С Г Л Г Ь Щ Ц Ч Л А
М Р А К Е Т А У А Ш Я Б Ш Р
Ш Н А В А Ь У М Ф Т А К С И
С А М О Л Е Т И Т Н Е С А Л
В Е Л О С И П Е Д К О Л А Ъ
```

САМОЛЕТ	ДВИГАТЕЛ
ЛИНЕЙКА	ГУМИ
КОЛА	РАКЕТА
АВТОБУС	СКУТЕР
ЛОДКА	ПОДВОДНИЦА
ВЕЛОСИПЕД	ТАКСИ
КАМИОН	ФЕРИБОТ
КАРАВАНА	ТРАКТОР
ХЕЛИКОПТЕР	ВЛАК
МЕТРО	САЛ

77 - Emozioni

Е	К	О	В	Р	Я	У	И	М	Я	Т	М	Й	У
С	И	М	П	А	Т	И	Я	Ш	Е	Д	Л	И	С
К	С	М	Щ	Д	О	Б	Р	О	Т	А	У	Б	Р
У	П	Н	В	О	С	П	О	К	О	Е	Н	Л	А
К	О	Ж	П	С	Ш	М	П	Е	Ю	Я	Ф	А	З
А	К	Л	Р	Т	М	Ф	Т	Г	Ж	А	Ч	Г	В
И	О	С	Д	О	В	О	Л	Е	Н	Х	Л	О	Ъ
З	Й	Е	Т	Ъ	В	Р	Ю	И	И	Я	Г	Д	Л
Н	С	Й	О	Р	Д	О	Б	И	У	Я	В	А	Н
Е	Т	И	Я	Ч	А	Ш	О	Т	Ъ	Г	А	Р	У
Н	В	Т	М	М	П	Х	В	Д	Г	Р	Т	Е	В
А	И	Б	Л	А	Ж	Е	Н	С	Т	В	О	Н	А
Д	Е	А	Н	Е	Ж	Н	О	С	Т	К	Ч	Щ	Н
А	У	Я	Е	Е	Е	П	Е	Х	Г	Щ	Ю	Ю	Ф

ЛЮБОВ
БЛАЖЕНСТВО
СПОКОЕН
РАЗВЪЛНУВАН
ДОБРОТА
РАДОСТ
БЛАГОДАРЕН
СКУКА
МИР

СТРАХ
ГНЯВ
СИМПАТИЯ
ДОВОЛЕН
ИЗНЕНАДА
НЕЖНОСТ
СПОКОЙСТВИЕ
ТЪГА

78 - Natura

```
Ъ Ъ Л Ф Ъ Р Т Ь Е Д Ж Н Б Ж
Ж Ж Ъ С В Е Т И Л И Щ Е Е И
Ж Х Ч Б В К У К Е Т Г М А В
П М Ъ Г Л А У Р А Р Н К Х О
Ю О Б Л А Ц И А Л О О С Щ Т
Л Ю Д И П Ь Л С П У З Д Н
Х Е Н С И Щ Ю О Ь И Н П И И
В Е Д Т Л У М Т Ь Ч М Ч В Я
Й Щ Б Н Ш О М А Ъ Е Ц Е Ж Х
Г Ф О Ч И А Н Г Ч С Ф Л Щ Й
О Н Я Н У К Ц А Р К Т И К А
Р Ъ А И Д И Н А М И Ч Е Н А
А П Л А Н И Н И Ц Ш Й Ц Я Ю
М Й Д М П У С Т И Н Я А В М
```

ЖИВОТНИ	ГОРА
ПЧЕЛИ	ЛЕДНИК
АРКТИКА	ПЛАНИНИ
КРАСОТА	МЪГЛА
ПУСТИНЯ	ОБЛАЦИ
ДИНАМИЧЕН	ПОДСЛОН
ЕРОЗИЯ	СВЕТИЛИЩЕ
РЕКА	ДИВ
ЛИСТ	ТРОПИЧЕСКИ

79 - Balletto

```
О Т Х М Ъ Ь П Р Ж Я П Ч А А
Р Е И У У У Р Л Щ Р У И П Р
К Х З З К С А К Х Е Б У Л Т
Е Н Р И О О К Б Б П Л П О И
С И А К М Л Т У А Е И Д Д С
Т К З А П О И Ч Л Т К Щ И Т
Ъ А И П О Р К Б Е И А О С И
Р О Т У З Ь А А Р Ц Т Ж М Ч
У М Е Н И Е Ц П И И Ф Е Е Е
Ь Ш Л Х Т О Т Ю Н Я Ч С Н Н
И Т Е Ч О О К Ш А С Р Т Т Ъ
Б К Н П Р Р И Т Ъ М Т С И Я
Т А Н Ц Ь О Р И Ъ Б Ъ И С Р
И Н Т Е Н З И Т Е Т Ъ О Л Ш
```

УМЕНИЕ	МУСКУЛИТЕ
АПЛОДИСМЕНТИ	МУЗИКА
АРТИСТИЧЕН	ОРКЕСТЪР
СОЛО	ПРАКТИКА
БАЛЕРИНА	РЕПЕТИЦИЯ
ТАНЦЬОРИ	ПУБЛИКА
КОМПОЗИТОР	РИТЪМ
ИЗРАЗИТЕЛЕН	СТИЛ
ЖЕСТ	ТЕХНИКА
ИНТЕНЗИТЕТ	

80 - Castelli

```
К П А К Б И М П Е Р И Я Я Т
О Р И Ц А Р А Ц Е Ф М О М Т
Н И Е Ш Ф Е О Д А Л Е Н Л М
Ц Н Ш П Л Д Л Н Ц Ш Ч Я П Д
Я Ц У Т О К И О Я Ч Х А Л Р
Л Е У Л Р С Т Н Ъ А Ч Р Ц А
М С Т Е Н А Т Е А Р П П Ф К
К А Т А П У Л Т К С Ш Б Л О
У Л Т Е Д Н О Р О Г Т Е Ф Н
Л Ф О Ж Ш Д К И Р П Р И Н Ц
А К Х Л У Б Д В О Р Е Ц Я О
Ц А Р С Т В О Ь Н Х М Ц О Ш
Щ И Т Н К С Ъ Е А М Ш Р М Т
Б Л А Г О Р О Д Е Н К Х И Б
```

БРОНЯ	БЛАГОРОДЕН
КАТАПУЛТ	ДВОРЕЦ
РИЦАР	СТЕНА
КОН	ПРИНЦ
КОРОНА	ПРИНЦЕСА
ДИНАСТИЯ	ЦАРСТВО
ДРАКОН	ЩИТ
ФЕОДАЛЕН	МЕЧ
КРЕПОСТ	КУЛА
ИМПЕРИЯ	ЕДНОРОГ

81 - Campionato

Ъ	В	Ч	Ю	У	Е	Д	И	Т	Ф	П	Ц	Й	Т
Ъ	М	Е	Д	А	Л	И	Г	А	И	О	Е	Б	Е
Е	О	Т	Б	О	Р	И	Р	К	Н	Б	С	Ч	В
С	Т	Р	А	Т	Е	Г	И	Я	А	Е	Ш	В	Д
П	И	Б	Ф	У	Ь	М	М	Ь	Л	Д	Й	Е	Д
О	В	Ш	Х	А	Р	Ц	Д	Я	И	А	Х	Ж	А
Р	А	Т	А	Ч	П	Й	Ж	Н	С	Ъ	Д	И	Я
Т	Ц	У	Я	М	О	Ю	Ю	М	Т	Ь	И	Р	Д
Ч	И	Р	И	З	П	О	Т	Я	В	А	Н	Е	П
Щ	Я	Н	П	Д	Х	И	Т	Р	Е	Н	Ь	О	Р
Т	Н	И	Н	К	Д	Ж	О	Ц	Б	Ч	К	Л	Щ
Щ	М	Р	Х	Л	Я	Д	Ц	Н	Г	С	И	Д	Ф
И	З	Д	Р	Ъ	Ж	Л	И	В	О	С	Т	Е	Б
Ш	А	М	П	И	О	Н	А	Т	Г	Р	В	С	Й

ТРЕНЬОР	МОТИВАЦИЯ
ШАМПИОНАТ	ИЗДРЪЖЛИВОСТ
ШАМПИОН	СПОРТ
ФИНАЛИСТ	ОТБОР
ИГРИ	СТРАТЕГИЯ
СЪДИЯ	ИЗПОТЯВАНЕ
ЛИГА	ТУРНИР
МЕДАЛ	ПОБЕДА

82 - Teatro

```
Н К О Ч А Р О В А Т Е Л Е Н
А О Д Р А М А Ь Д К Г Х А Ж
Г С Г Т К К Р И Т И К А К Й
Р Т Р Г А Е Т Ш Л Ж У Р Т Ш
А Ю С Х А Л С Р У А Ф И Ь Р
Д М У Г П Ш А Т И Г Л З О Т
И И Д Щ У Ч Х Н Ъ С Я М Р П
Ц Р В Р Б Й Ч С Т Р А А Ю Л
Ю Е К Х Л К О М Е Д И Я Т Ч
Е М О Ц И Я Б Ф Л С Д Л Б Ъ
М У З И К А Л Е Н Ц И Д Н С
Е Я Т Р А Г Е Д И Я Л Ю Й П
И З П Ъ Л Н И Т Е Л О И Я И
Г Х Ъ Ш Ч Ф И Ц Я Г Г Г О О
```

ОЧАРОВАТЕЛЕН	ЕМОЦИЯ
АКТЬОР	ИЗПЪЛНИТЕЛ
АКТРИСА	МУЗИКАЛЕН
ХАРИЗМА	ОРКЕСТЪР
КОМЕДИЯ	НАГРАДИ
КОСТЮМИ	ПУБЛИКА
КРИТИКА	ТАЛАНТ
ДРАМА	ТРАГЕДИЯ

83 - Foresta Pluviale

З	Н	О	Б	Щ	Н	О	С	Т	Д	Л	С	Х	Ч
Ч	А	Щ	О	Б	Т	Ь	Ш	М	Ж	Ъ	И	Ч	Б
Щ	Г	П	Т	И	Ц	И	Ц	В	У	Ж	И	Ч	Ъ
Б	О	З	А	Й	Н	И	Ц	И	Н	П	Ф	Л	С
Й	Т	Х	Н	З	М	Ъ	Х	Г	Г	Р	Р	М	Щ
П	С	А	И	Щ	В	Ж	Н	К	Л	И	М	А	Т
А	Ц	Ф	Ч	Ж	О	А	И	Ф	А	Р	К	Ь	Н
Ц	Е	Н	Е	Н	О	У	Н	Я	Ш	О	Ч	У	А
Ъ	Н	Ж	С	Ч	Щ	Б	Н	Е	О	Д	Б	Ч	С
П	М	Я	К	О	Ц	Е	Л	Я	В	А	Н	Е	Е
П	Ь	П	И	Д	Л	Ж	Н	А	Д	В	Г	С	К
У	В	А	Ж	Е	Н	И	Е	О	Ц	Б	Й	Н	О
П	Ш	И	Ю	Й	У	Щ	Д	Л	Ф	И	Д	Ч	М
Л	И	Ц	Д	Ф	Ц	Е	Я	В	Т	Г	С	Ф	И

БОТАНИЧЕСКИ	ОБЛАЦИ
КЛИМАТ	ЗАПАЗВАНЕ
ОБЩНОСТ	ЦЕНЕН
ДЖУНГЛА	УБЕЖИЩЕ
НАСЕКОМИ	УВАЖЕНИЕ
БОЗАЙНИЦИ	ОЦЕЛЯВАНЕ
МЪХ	ВИД
ПРИРОДА	ПТИЦИ

84 - Edifici

```
Щ У У Ь А Я О Щ У Ч К У П Х
Т И Ъ В П Щ Б Н Щ Р А Ч О О
К У Л А А Ф С Т Ф Н Б И С Т
Б Ж С П Р А Е З Й Ц И Л О Е
О Ж Ъ Б Т Б Р Р А С Н И Л Л
Л Ъ Ф Ш А Р В Щ М М А Щ С Ф
Н М В В М И А Ц Й А Ъ Е Т Я
И Ъ Г Р Е К Т П Ф Ж Ц К В Я
Ц Г И Щ Н А О С А А Ю Ш О Ф
А Т Е А Т Ъ Р Ф П Л Е В Н Я
М У З Е Й К И Н О Я А Б Н Т
К М Я Я Р Ц Я И Щ Ц Г Т К Х
Л А Б О Р А Т О Р И Я Н К К
С Т А Д И О Н Ч Ъ Ж Б П Д А
```

ПОСОЛСТВО   ЛАБОРАТОРИЯ
АПАРТАМЕНТ   МУЗЕЙ
КАБИНА   БОЛНИЦА
ЗАМЪК   ОБСЕРВАТОРИЯ
КИНО   УЧИЛИЩЕ
ФАБРИКА   СТАДИОН
ФЕРМА   ТЕАТЪР
ПЛЕВНЯ   ПАЛАТКА
ХОТЕЛ   КУЛА

85 - Paesi #2

```
Н  Н  Н  В  Ъ  Ю  В  У  А  А  Д  Г  Н  Я
А  Е  И  А  Ч  Й  И  К  Ч  Я  Н  Р  С  М
Й  П  Г  Е  Л  Т  А  Р  С  И  Р  И  Я  А
С  А  Е  Ж  С  Б  Ъ  А  Л  В  А  С  М  Й
Й  Л  Р  Ю  Н  Л  А  Й  Ъ  А  Й  И  Е  К
Е  Т  И  О  П  И  Я  Н  Л  Ч  Н  Ш  К  А
У  Е  Я  Д  Й  Л  А  А  И  К  Х  Д  С  Щ
П  А  К  И  С  Т  А  Н  Б  Я  А  А  И  Щ
Л  Г  Ъ  Р  Ц  И  Я  Г  Е  Т  И  Н  К  Я
Ь  А  Я  П  О  Н  И  Я  Р  Д  Т  И  О  Б
И  Ь  О  О  Б  Р  Ц  Ж  И  П  И  Я  Ч  Д
Ш  М  С  С  У  Д  А  Н  Я  И  О  Ч  У  Н
У  Г  А  Н  Д  А  М  Р  У  С  И  Я  Л  А
И  Н  Д  О  Н  Е  З  И  Я  Е  Д  О  Х  У
```

АЛБАНИЯ	ЛИБЕРИЯ
ДАНИЯ	МЕКСИКО
ЕТИОПИЯ	НЕПАЛ
ЯМАЙКА	НИГЕРИЯ
ЯПОНИЯ	ПАКИСТАН
ГЪРЦИЯ	РУСИЯ
ХАИТИ	СИРИЯ
ИНДОНЕЗИЯ	СУДАН
ИРЛАНДИЯ	УКРАЙНА
ЛАОС	УГАНДА

86 - Tipi di Capelli

С	Н	Ф	Т	С	Й	Р	У	Ь	М	С	М	Е	К
У	Б	И	Ж	Р	Ш	Ч	Ъ	Щ	Х	Р	Ъ	Т	Ч
Х	Г	Я	Ч	Ч	Ч	Ц	И	Д	Б	Ц	Ф	Ш	Р
Х	С	П	Л	Е	Т	Е	Н	Ч	Н	Щ	Ю	Т	У
С	П	Л	И	Т	К	И	Р	Д	Я	Ю	К	Ъ	С
И	Б	К	Ю	М	А	Р	Х	Е	Ф	Я	Ъ	Н	А
В	Г	Л	А	Д	К	А	Л	Б	Н	Д	Д	Ъ	М
О	Й	Ц	Д	П	М	П	И	Е	П	Ъ	Р	К	А
З	Д	Р	А	В	К	Й	В	Л	П	Л	И	Ж	П
И	Я	Х	В	У	Щ	Ъ	М	И	Ю	Г	Ц	Х	Л
Е	К	Р	Щ	М	Ю	Ч	Д	Ш	П	О	И	Ъ	Е
Г	В	Ъ	Л	Н	О	О	Б	Р	А	З	Н	И	Ш
Л	Ъ	С	К	А	В	В	Ъ	К	А	Ф	Я	В	И
Ш	Г	Ч	Я	Ц	О	Г	Я	Ц	Б	В	Б	Й	В

СУХ	КАФЯВ
БЯЛ	МЕК
РУСА	ЧЕРЕН
КЪС	ВЪЛНООБРАЗНИ
ПЛЕШИВ	КЪДРАВ
СИВ	КЪДРИЦИ
СПЛЕТЕН	ЗДРАВ
ГЛАДКА	ТЪНЪК
ЛЪСКАВ	ДЕБЕЛ
ДЪЛГО	ПЛИТКИ

87 - Vestiti

Ъ	У	Ц	Ш	Л	П	Ь	Ф	М	Ю	Р	Ч	Р	Б
Н	С	В	В	А	П	О	Щ	Ъ	И	Р	П	О	Л
О	Р	Ч	К	Ъ	П	Ч	Л	Й	Л	Ъ	Р	К	У
П	Б	Ч	Д	Й	Б	К	Л	А	Я	К	Е	Л	З
А	Х	У	Г	Л	Б	О	А	Л	Т	А	С	Я	А
Л	Ч	Б	В	Ш	Р	Л	Ш	Я	Х	В	Т	К	Ч
Т	У	Р	Ц	К	Х	А	К	И	Ц	И	И	О	Д
О	О	Ф	С	Ь	А	Н	Щ	Р	С	Ц	Л	Л	Ь
О	Р	Ж	Т	Г	Р	И	В	Н	А	И	К	И	П
П	И	Ж	А	М	А	Ш	А	Л	Н	Ч	А	Е	Щ
У	З	Я	Й	Д	Н	Н	В	Я	Д	Ъ	Н	К	И
Ь	А	П	У	Л	О	В	Е	Р	А	Ю	Ж	Г	Ь
М	О	Д	А	И	О	К	О	Ч	Л	С	Й	Х	К
П	А	Н	Т	А	Л	О	Н	И	И	Х	И	Л	М

РОКЛЯ
ГРИВНА
БЛУЗА
РИЗА
ШАПКА
ПАЛТО
КОЛАН
КОЛИЕ
ЯКЕ
ПОЛА

ПРЕСТИЛКА
РЪКАВИЦИ
ДЪНКИ
ПУЛОВЕР
МОДА
ПАНТАЛОНИ
ПИЖАМА
САНДАЛИ
ОБУВКА
ШАЛ

88 - Attività e Tempo Libero

```
Х Б П Ъ Т У В А М Ж Я Х И С
Ю О Е Й Ш К Ъ М П И Н Г З Ъ
А Ю Б Й Л Г Ш Я А В Х Р К Р
Е С Я И З Б А Ь З О Т И У Ф
Д Ъ Н Ш Т Б П Ж А П Д Б С И
Щ М Н Ж О А О Л Р И Г О Т Р
В О Л Е Й Б О Л У С С Л В А
Ц Ф Ф Т А Р Т Е В В Ф О О Н
Г М У Р К А Н Е А М А В Г Е
О Ж Т Е Н И С Й Н Е Ь Н Ф Г
Л Е Б Р Я Е А В Е Ш Г Д Е Т
Ф Е О Б О К С Т У Р И З Ъ М
Р Е Л А К С И Р А Щ А Щ О Ш
Г Р А Д И Н А Р С Т В О Х К
```

ИЗКУСТВО	ПЛУВАНЕ
БЕЙЗБОЛ	ВОЛЕЙБОЛ
БОКС	РИБОЛОВ
ФУТБОЛ	ЖИВОПИС
КЪМПИНГ	РЕЛАКСИРАЩА
ТУРИЗЪМ	ПАЗАРУВАНЕ
ГРАДИНАРСТВО	СЪРФИРАНЕ
ГОЛФ	ТЕНИС
ХОБИТА	ПЪТУВАМ
ГМУРКАНЕ	

89 - Tecnologia

```
Ф И Ц В Ц И Л Д Ч К И Т Ш Г
Д А Н Н И Ф Б Р А У З Ъ Р С
С Т Й Е К Р А Н Т Ь С И И Т
Б О Д Л А А Ж Н Я Ю И З Ф А
А Ю Ф Щ Х Е М Н В В Г С Т Т
Й С Ч Т Ш А Н Е И С У Л Б И
Т Ъ Ь К У Р С О Р Й Р Е М С
О О М Л Г Е Х И У А Н Д Ъ Т
В Б Б Л О Г Р Ф С Ц О В Р И
Е Щ К О М П Ю Т Ъ Р С А У К
К Е И Н Т Е Р Н Е Т Т Н У А
Р Н М Ю Н В С Р Л Ф У Е П Я
Ц И Ф Р О В И Р Т У А Л Е Н
П Е Ь Г Щ Н К С Т Н В В Х Ъ
```

БЛОГ	СЪОБЩЕНИЕ
БРАУЗЪР	ИЗСЛЕДВАНЕ
БАЙТОВЕ	ЕКРАН
КОМПЮТЪР	СИГУРНОСТ
КУРСОР	СОФТУЕР
ДАННИ	СТАТИСТИКА
ЦИФРОВ	КАМЕРА
ФАЙЛ	ВИРТУАЛЕН
ШРИФТ	ВИРУС
ИНТЕРНЕТ	

90 - Arte

```
О Р И Г И Н А Л Е Н Ч Ц С П
В Ш Б В Д Ъ Х Н О В Е Н И О
Д С Р Й Е Л А Р Ж Я С А М Е
Ь К В Е Ш Ц Т О Ь Ь Т С В З
Ь У Ц Й А П Р Е Д М Е Т О И
С Л О Ж Е Н Г Ш Щ Ъ Н Р Л Я
Ъ П Ж Й Ь Ф Р И М Х Я О Я В
С Т К А Р Т И Н И М У Е Т Л
Т У Р В Ц Ф И Г Б Х С Н Т Ж
А Р Л И Б У К З У А А И Е К
В А Н П Ф П Ф Е Р Р Б Е П О
К Е Р А М И Ч Н И А А М Д Я
Ш К С Ю Р Р Е А Л И З Ъ М Ж
В И З У А Л Е Н М П Р О С Т
```

КЕРАМИЧНИ	ПОЕЗИЯ
СЛОЖЕН	СКУЛПТУРА
СЪСТАВ	ПРОСТ
КАРТИНИ	СИМВОЛ
ИЗРАЗ	ПРЕДМЕТ
ФИГУРА	СЮРРЕАЛИЗЪМ
ВДЪХНОВЕН	НАСТРОЕНИЕ
ЧЕСТЕН	ВИЗУАЛЕН
ОРИГИНАЛЕН	

91 - Meteo

```
Ъ М О А Ъ К А Р Я Т К Х Ж Ч
В У Д Т С Н Л С П О К О Е Н
К С Р М Ч К Ж И В Р С У Ш А
О О И О Ю Ъ Ч Д М Н П С Ц Ь
П Н Й С Т Т С Ц Ъ А Х М Ж Т
О С Ь Ф У Р Ю Ф Г Д Т Ф Е Л
Л Е Д Е Д Р О Ь Л О Е Е Ь Х
Я Е Г Р Ъ М А П А Ш Ш К Р Х
Р С О А Г Ь У Г И Р С Й Б М
Н Е Б Е А Ф Ж Г А Ч Ч Б У К
И Ю Л У Б Й Ф Ж П Н Е Б Р Х
В Ч А Ю М С У Щ К И Ю С Я Н
Ь Н К Ф А У Ч Х Р Д М У К С
В Я Т Ъ Р О Г Ц И П Ф Х Е И
```

ДЪГА
СУХ
АТМОСФЕРА
СПОКОЕН
НЕБЕ
КЛИМАТ
ЦИП
ЛЕД
МУСОН
МЪГЛА

ОБЛАК
ПОЛЯРНИ
СУША
БУРЯ
ТОРНАДО
ТРОПИЧЕСКИ
ГРЪМ
УРАГАН
ВЯТЪР

92 - Corpo Umano

```
С  Ъ  Р  Ц  Е  Л  Ф  Ъ  П  Р  Ъ  Г  Ж  В
М  Т  Й  Ш  О  А  Ж  Ъ  Р  Ъ  А  Н  Ш  Р
Й  Д  О  К  О  К  Г  Ю  Ъ  Т  С  М  А  А
Т  Р  Ф  М  Б  Ъ  Л  Ж  С  Й  У  О  О  Т
Е  Ъ  О  Ц  А  Т  А  Л  Т  Л  Х  З  Х  А
М  К  Ф  Ц  Ш  Х  В  У  Н  Р  О  Ъ  Ж  Ю
Д  А  К  О  Ж  А  А  И  Г  Д  Ь  К  Т  П
Ш  Ф  Ю  Р  Й  Ш  К  О  Л  Я  Н  О  Д  Щ
У  Й  Ь  В  Ъ  Л  И  Ц  Е  Ц  О  М  У  С
А  С  Я  Ш  Ь  В  Я  Я  З  У  С  Т  А  Д
И  Х  А  А  К  Т  Р  Ч  Е  Ф  Л  А  У  С
П  Л  Я  Ф  Р  Х  Г  Е  Н  А  Х  Е  Ц  Н
Е  Ф  Я  Т  А  Б  Р  А  Д  И  Ч  К  А  Р
О  Т  Ш  М  К  Ф  Ц  Т  М  А  В  К  К  С
```

УСТА	РЪКА
ГЛЕЗЕН	БРАДИЧКА
МОЗЪК	НОС
ВРАТА	ОКО
СЪРЦЕ	УХО
ПРЪСТ	КОЖА
ЛИЦЕ	КРЪВ
КРАК	РАМО
КОЛЯНО	СТОМАХ
ЛАКЪТ	ГЛАВА

93 - Mammiferi

К	Я	Г	В	Е	О	П	Г	О	Р	И	Л	А	Д
Е	А	И	Й	Я	В	К	Я	С	С	Ч	Ъ	Д	Е
Н	Е	Ь	Ж	И	О	Ъ	С	Б	Ф	Ш	В	Ф	Л
Г	Й	Н	У	У	К	Т	Л	И	Ю	П	Р	Ч	Ф
У	Е	Ф	Ж	М	И	Ф	О	К	У	Ч	Е	З	И
Р	У	К	Щ	В	Т	Д	Н	Ъ	Ц	О	Л	Е	Н
У	Й	Я	О	К	О	Й	О	Т	Й	И	Е	Б	Г
Я	В	Й	В	Т	Л	С	Ж	Ц	Щ	Ь	Н	Р	Д
Л	Ч	С	Ц	О	К	М	А	Й	М	У	Н	А	С
Ч	У	З	А	Н	Г	А	Е	К	О	Н	Е	В	Ъ
Ъ	Ч	А	Ж	О	А	Ъ	Л	Ч	Д	Ц	Б	М	Ф
И	В	Е	Л	И	С	И	Ц	А	К	П	С	Ш	Д
С	Г	К	Ф	В	Ъ	Х	Ч	Н	И	А	М	П	И
Ж	И	Р	А	Ф	В	П	Ж	К	П	Ъ	Х	Е	Т

КИТ
КУЧЕ
КЕНГУРУ
КОН
ЕЛЕН
ЗАЕК
КОЙОТ
ДЕЛФИН
СЛОН
КОТКА

ЖИРАФ
ГОРИЛА
ЛЪВ
ВЪЛК
МЕЧКА
ОВЦА
МАЙМУНА
БИК
ЛИСИЦА
ЗЕБРА

94 - Arrampicata

```
П  Г  Л  А  К  К  Л  Б  Н  В  С  К  Р  Ь
С  Т  А  Б  И  Л  Н  О  С  Т  С  В  Ъ  А
Д  Н  Ю  А  К  А  Р  Т  А  В  Я  Х  К  Д
Л  Д  Б  С  К  Г  Щ  У  Е  Л  Й  Ш  О  Ц
Ж  Ю  Т  Е  Р  Е  Н  Ш  У  С  Ф  Ъ  В  С
А  О  Б  У  Ч  Е  Н  И  Е  Ю  Е  Ъ  О  И
Т  Р  Л  О  Е  К  С  П  Е  Р  Т  Н  Д  Л
М  Ъ  К  В  П  Т  У  Р  И  З  Ъ  М  С  А
О  К  П  А  В  И  С  О  Ч  И  Н  А  Т  С
С  А  Е  Ъ  С  Е  Т  Ц  Ш  Ж  А  Й  В  Ч
Ф  В  Щ  П  М  К  Щ  С  Л  Ч  А  Г  А  Б
Е  И  Е  Х  Е  Ь  А  Т  Т  Т  Д  Н  И  И
Р  Ц  Р  Н  А  Р  А  Н  Я  В  А  Н  Е  Р
А  И  А  Ю  Ж  Ж  О  Л  Х  Ь  О  М  Б  Ь
```

ВИСОЧИНА
АТМОСФЕРА
КАСКА
ЛЮБОПИТСТВО
ТУРИЗЪМ
ЕКСПЕРТ
ОБУЧЕНИЕ
СИЛА
ПЕЩЕРА

РЪКАВИЦИ
РЪКОВОДСТВА
НАРАНЯВАНЕ
КАРТА
СТАБИЛНОСТ
БОТУШИ
ТЕСЕН
ТЕРЕН

95 - Animali Domestici

В	К	О	З	А	П	Я	П	Х	М	Я	К	А	Г
Е	О	Я	О	Х	С	Ъ	Ч	Я	Ш	Л	А	К	У
Т	С	Д	Л	И	В	Ч	С	О	П	Р	И	У	Щ
Е	Т	Б	А	З	Х	Р	А	Н	А	И	Ш	Ч	Е
Р	Е	И	П	Й	А	С	Ъ	К	П	Б	К	Е	Р
И	Н	Б	И	У	П	Е	Х	О	А	А	А	Н	П
Н	У	К	Р	А	В	А	К	Т	Г	Ю	С	Ц	Ш
А	Р	И	Н	В	Х	О	Н	К	А	К	Ш	Е	Ц
Р	К	Ц	Ц	Р	Ш	А	В	А	Л	У	Е	А	Н
Ф	А	К	О	Т	Е	М	М	У	О	Ч	Я	У	Г
Ч	Л	К	П	Е	Ъ	И	Л	С	С	Е	Ъ	Я	Т
Н	Ь	Н	О	П	А	Ш	К	А	Т	У	Ю	К	Ц
Ь	Б	Ц	Д	Щ	Т	К	А	К	Й	Е	Ц	Ц	О
С	И	Р	И	Б	Р	А	Г	Ч	Е	Ц	Р	Ю	И

ВОДА
КУЧЕ
КОЗА
ХРАНА
ОПАШКА
ЯКА
ЗАЕК
ХАМСТЕР
КУЧЕНЦЕ
КОТЕ

КОТКА
КАИШКА
ГУЩЕР
КРАВА
ПАПАГАЛ
РИБА
КОСТЕНУРКА
МИШКА
ВЕТЕРИНАР
ЛАПИ

96 - Cucina

```
С  К  К  В  Л  Ф  Б  Р  А  Ь  Т  Щ  Ц  Щ
С  А  Ч  А  Й  Н  И  К  Х  Ж  У  И  Р  С
Ш  К  Л  Ъ  Ж  И  Ц  И  Л  Д  Ф  С  Ш  А
Р  У  А  Ф  У  Р  Н  А  А  Ш  П  Г  О  Д
Е  П  Ш  Р  Е  Г  С  П  Д  Б  Р  К  Щ  У
Ц  А  Ж  Б  А  Т  К  Т  И  У  Е  М  М  Щ
Е  Х  Г  Й  В  П  К  А  Л  Р  С  Ъ  Ф  Д
П  Р  Ъ  Ч  И  Ц  И  А  Н  К  Т  Н  Ш  Х
Т  А  Б  А  Л  Ц  Г  Ъ  И  А  И  О  Р  А
А  Н  А  Ш  И  А  Н  Е  К  Н  Л  Ж  Г  С
Ч  А  М  И  Ц  Ч  Е  Р  П  А  К  О  Г  Г
Л  Я  Д  Ц  И  П  О  Д  П  Р  А  В  К  И
М  Д  Д  Ю  Ч  Т  Ш  Ф  Р  И  З  Е  Р  Я
Н  У  Ч  Я  У  Ч  Б  К  Р  Г  Н  У  Х  Ж
```

ПРЪЧИЦИ	ХЛАДИЛНИК
ЧАЙНИК	ПРЕСТИЛКА
КАНА	СКАРА
ХРАНА	ЧЕРПАК
КУПА	РЕЦЕПТА
НОЖОВЕ	ПОДПРАВКИ
ФРИЗЕР	ГЪБА
ЛЪЖИЦИ	ЧАШИ
ВИЛИЦИ	САЛФЕТКА
ФУРНА	БУРКАН

97 - Vacanze #2

```
К П Ъ Т У В А Н Е П Ш В Е М
О Ъ Й Х Л С Ц Н Е В Ь Д Ш О
Б Б М Щ Е Д Б О Ф Т Ж Р Д Р
Ж Т К П Т Р А Н С П О Р Т Е
П Е К Л И К А Р Т А Й Ц К П
Е А Б А Щ Н П Р А З Н И К Л
С Я Л Ж Е Р Г О С Т Р О В А
Й Н В А Ч У Ж Д Е Н Е Ц Л Н
Н Ш И Д Т В И З А Ш Ч Ъ А И
Ь Х Х М А К П В Щ Я Ъ Ч К Н
И О Б Л К Ю А Ц Н П В Щ А И
Х Т Ю Й С И П А С П О Р Т Ж
Д Е С Т И Н А Ц И Я Ь Т Е О
Ч Л П А Р Е С Т О Р А Н Т М
```

ЛЕТИЩЕ	РЕСТОРАНТ
КЪМПИНГ	ПЛАЖ
ДЕСТИНАЦИЯ	ЧУЖДЕНЕЦ
СНИМКИ	ТАКСИ
ХОТЕЛ	ПАЛАТКА
ОСТРОВ	ТРАНСПОРТ
КАРТА	ВЛАК
МОРЕ	ПРАЗНИК
ПЛАНИНИ	ПЪТУВАНЕ
ПАСПОРТ	ВИЗА

98 - Attività

```
У Ф В Щ К М Т А Н Ц И В Ш Г
М С М Ф Д Ч У Ю М Й Б Ф Ж Р
Е П Т П К Е Р А М И К А Ч А
Н Ъ Р Ф В Т И К Щ У Р Б Г Д
И З Т Щ Н Е З Ъ Х Д Ъ П Я И
Е Е Д Ч Ж Н Ъ М Б О Я А Д Н
Х Л Е Т Ф Е М П Д В И Щ Е А
Р И Б О Л О В И О О Ж О Й Р
М А Г И Я П Й Н М Л О Л Н С
Р Ь Д Р Д Ч Ж Г К С Б К О Т
Т Щ Ж Б И З К У С Т В О С В
И Н Т Е Р Е С И Ч В Е Ф Т О
З А Н А Я Т И Е О И У Ш Ю И
Ш И Е Н Е Ц Щ Щ Й Е У К Р Ф
```

УМЕНИЕ	ТУРИЗЪМ
ИЗКУСТВО	ГРАДИНАРСТВО
ЗАНАЯТИ	ИГРИ
ДЕЙНОСТ	ИНТЕРЕСИ
ЛОВ	ЧЕТЕНЕ
КЪМПИНГ	МАГИЯ
КЕРАМИКА	РИБОЛОВ
ШИЕНЕ	УДОВОЛСТВИЕ
ТАНЦИ	ПЪЗЕЛИ

99 - Forniture Artistiche

```
Ц А П П Ъ Г О Я Л Б Г Г М Й
В К А М Е Р А М Ф А У Щ А Ь
Е В С Х Ж Х М П Х Ш М Т С П
Т А Т О Ь Я А И И Й И В Т К
О Р Е Ц Б Х Й Я К Г Ч О И М
В Е Л Д М А С А Л К К Р Л О
Е Л И П Х А Р Т И Я А Ч О Л
Т И В Г Г Л И Н А Щ Л Е Ю И
П Ж О Ш Ч Е Т К И Т Т С Ц В
Т Щ Д У Л П Б О И Д И Т О И
Р Б А К Р И Л Е Н Е К В И С
М Ч М А С Л О Ж О Л Ш О Д Г
Б Ъ Ш С Т О Л В Й Я Б Щ Е Т
П Б О Л Ц Х У М У О Г Я И Н
```

ВОДА	ИДЕИ
АКВАРЕЛИ	МАСТИЛО
АКРИЛЕН	МОЛИВИ
ГЛИНА	МАСЛО
ХАРТИЯ	ПАСТЕЛИ
СТАТИВ	СТОЛ
ЛЕПИЛО	ЧЕТКИ
ЦВЕТОВЕ	МАСА
ТВОРЧЕСТВО	КАМЕРА
ГУМИЧКА	БОИ

100 - Misurazioni

```
Д Г Р А Д У С Р М В Ч Е Г Х
Б Ъ П Ц П С Ф Т Т И М Щ Ж Ю
К И Л О Г Р А М С Е Н Х Ю Д
Щ М И Б А Й Т Х Й Д Г У Ф Г
В Щ Т Д О В К О Л Е Д Л Т С
Ъ Ъ Ъ Ю Н Ч У П Р С Ъ М О А
Ш И Р И Н А И Ч Т Е Л Г В Н
Н В Б Ю Ъ Щ Б Н О Т Ж У И Т
О У Я М Ю Ю В Г А И И Щ С И
Г Н Ц В Ю Б Б Е Л Ч Н М О М
Ф Ц И Н Ч Ш Р Я Г Е А А Ч Е
К И Л О М Е Т Ъ Р Н Т С И Т
А Я В Н Н Г Ь Н А Ш О А Н Ъ
У Л Н М Е Т Ъ Р М Й Н Й А Р
```

ВИСОЧИНА	ДЪЛЖИНА
БАЙТ	МАСА
САНТИМЕТЪР	МЕТЪР
КИЛОГРАМ	МИНУТА
КИЛОМЕТЪР	УНЦИЯ
ДЕСЕТИЧЕН	ТЕГЛО
ГРАДУС	ИНЧ
ГРАМ	ДЪЛБОЧИНА
ШИРИНА	ТОН
ЛИТЪР	

1 - Scacchi

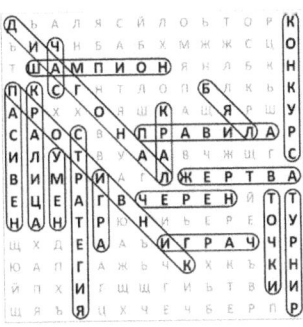

2 - Aggettivi #2

3 - Mobili

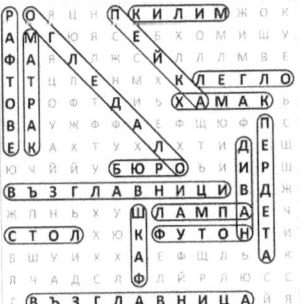

4 - Pesca

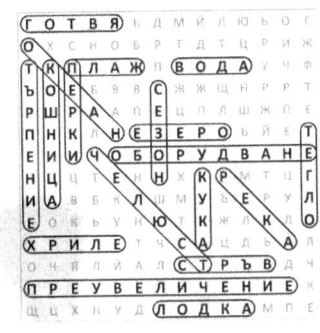

5 - Aggettivi #1

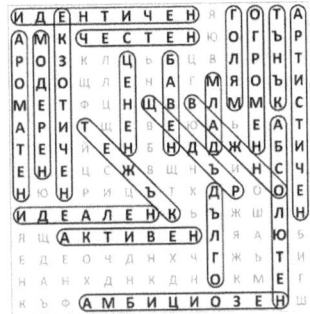

6 - Geologia

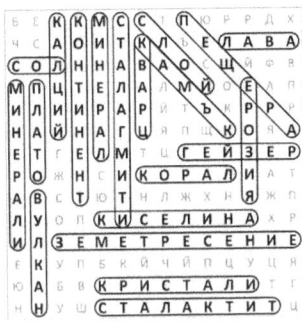

7 - Campeggio

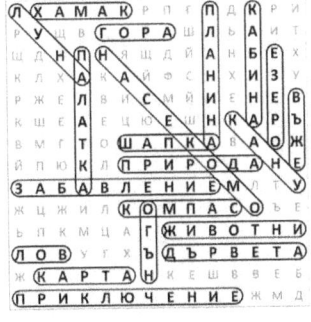

8 - Arti Visive

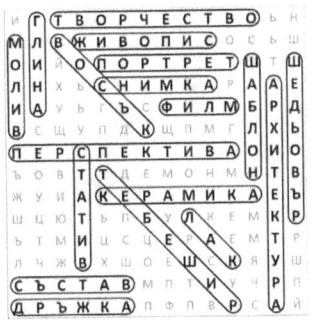

9 - Esplorazione

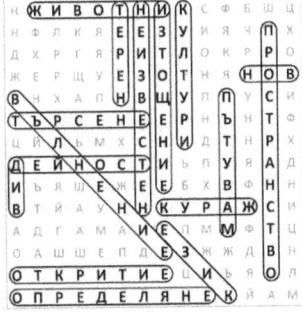

10 - Tempo

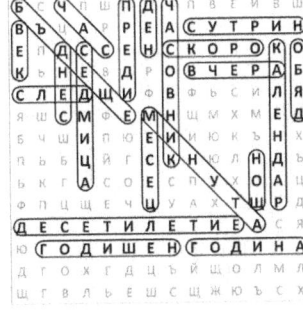

11 - Astronomia

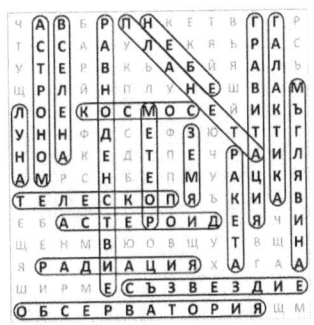

12 - Circo

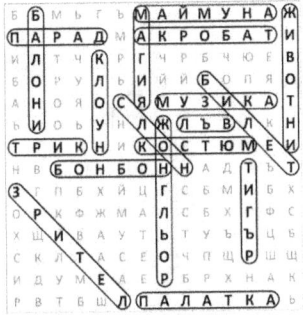

13 - Mitologia

14 - Piante

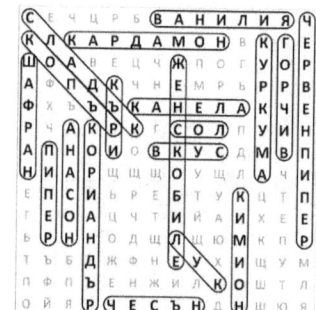

15 - Spezie

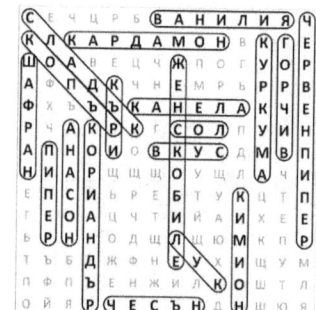

16 - Numeri

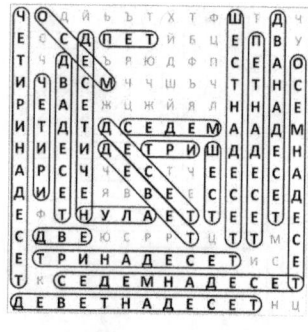

17 - Cioccolato

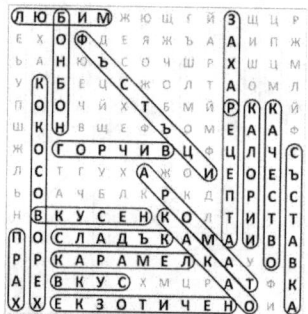

18 - Guida

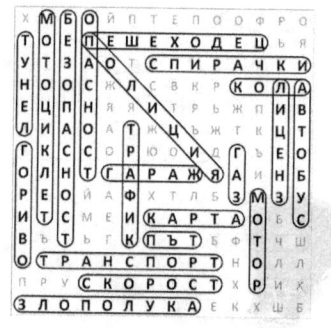

19 - Sport

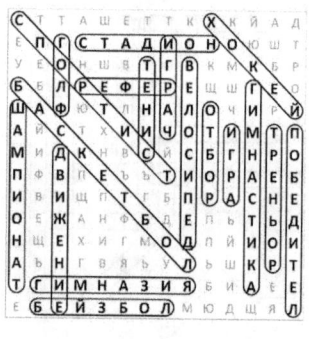

20 - Giocattoli

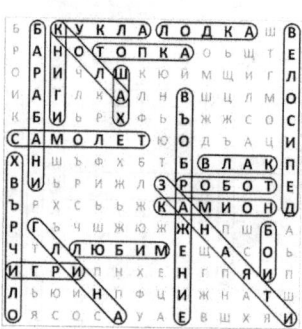

21 - Uccelli

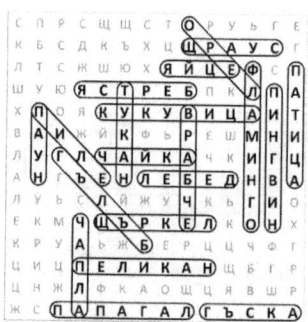

22 - Giorni e Mesi

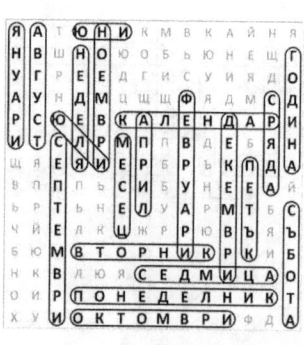

23 - Casa

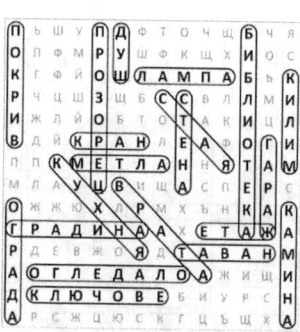

24 - Ristorante #1

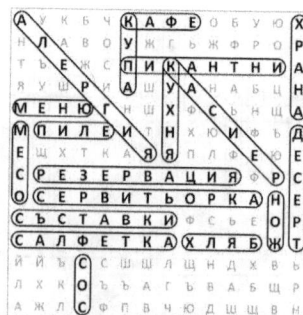

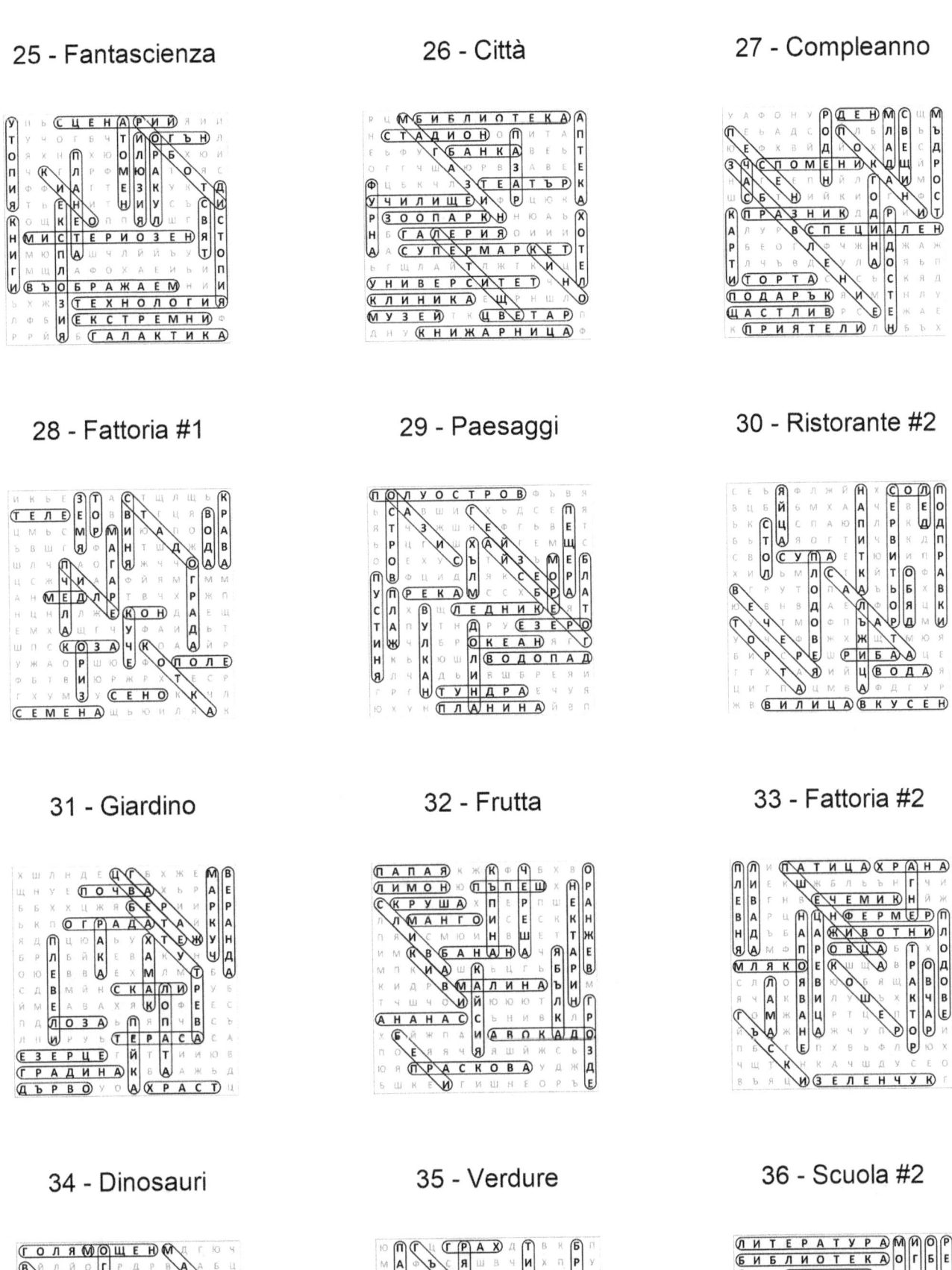

25 - Fantascienza

26 - Città

27 - Compleanno

28 - Fattoria #1

29 - Paesaggi

30 - Ristorante #2

31 - Giardino

32 - Frutta

33 - Fattoria #2

34 - Dinosauri

35 - Verdure

36 - Scuola #2

37 - Barbecue

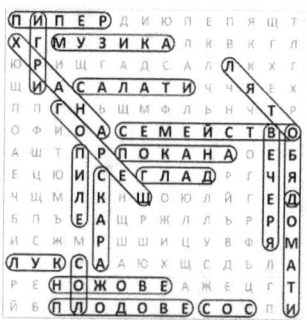

38 - Riempire

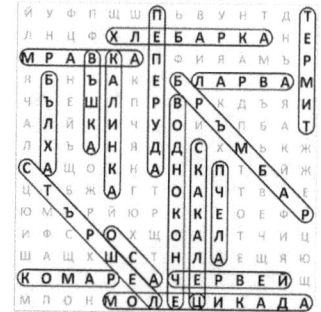

39 - Insetti

40 - Erboristeria

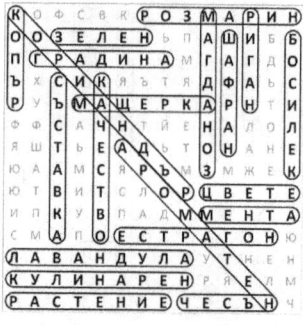

41 - Danza

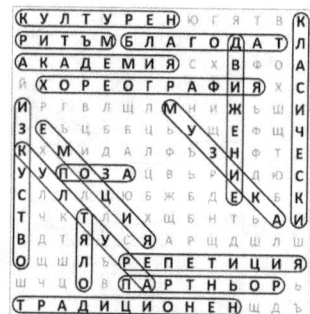

42 - Commedia

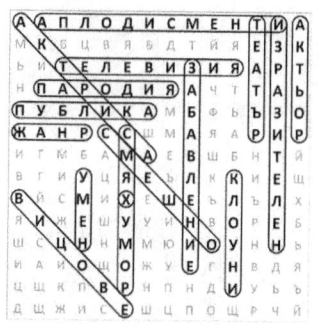

43 - Scuola #1

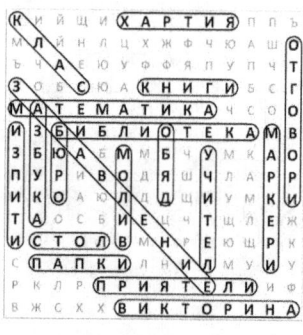

44 - Fiori

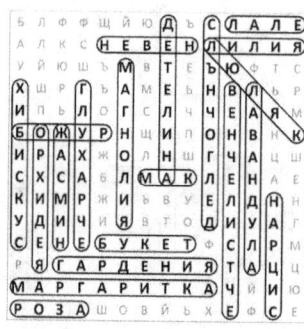

45 - Ecologia

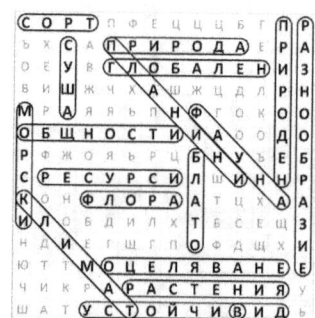

46 - Discipline Scientifiche

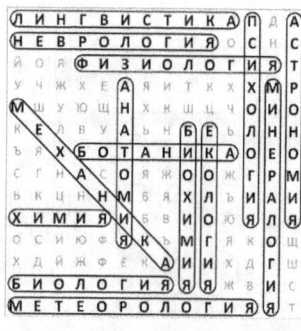

47 - Scienza

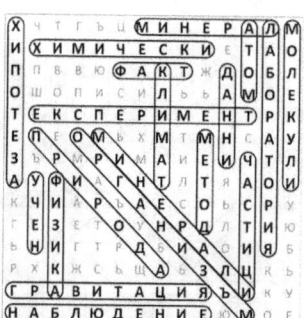

48 - Acqua

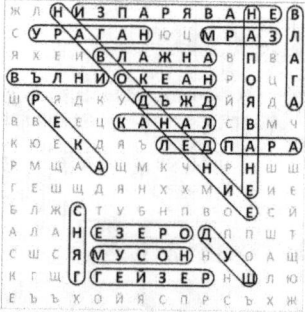

49 - Gatti

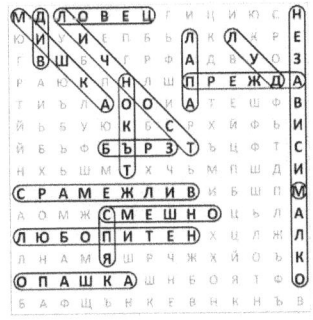

50 - Surf

51 - Imbarcazioni

52 - Api

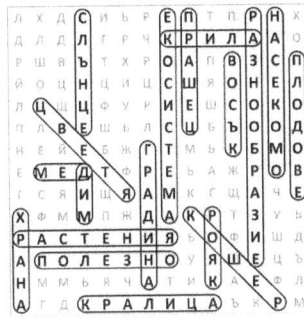

53 - Strumenti Musicali

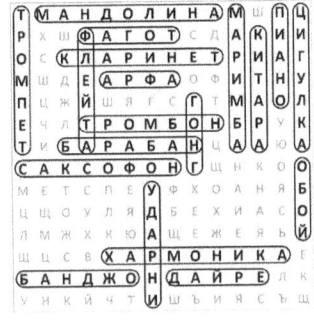

54 - Professioni #2

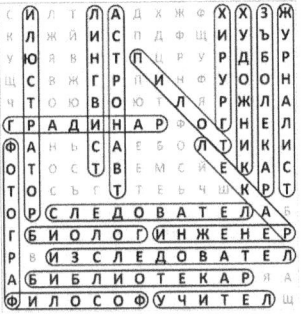

55 - Letteratura

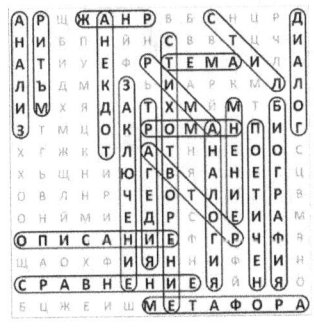

56 - Cibo #2

57 - Nutrizione

58 - Matematica

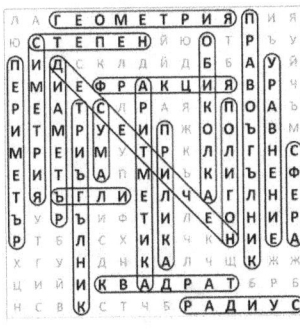

59 - Bagno

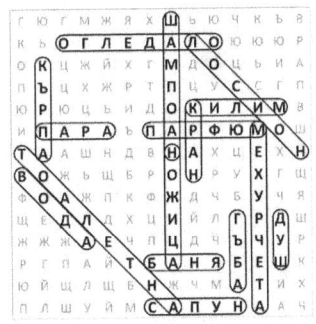

60 - Meditazione

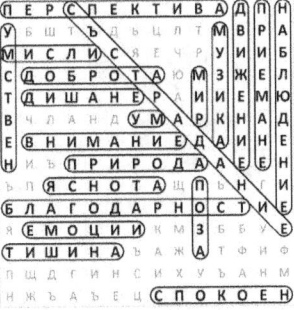

61 - Estate

62 - Escursionismo

63 - Professioni #1

64 - Antartide

65 - Libri

66 - Geografia

67 - Cibo #1

68 - Aeroplani

69 - Pirati

70 - Colori

71 - Spiaggia

72 - Avventura

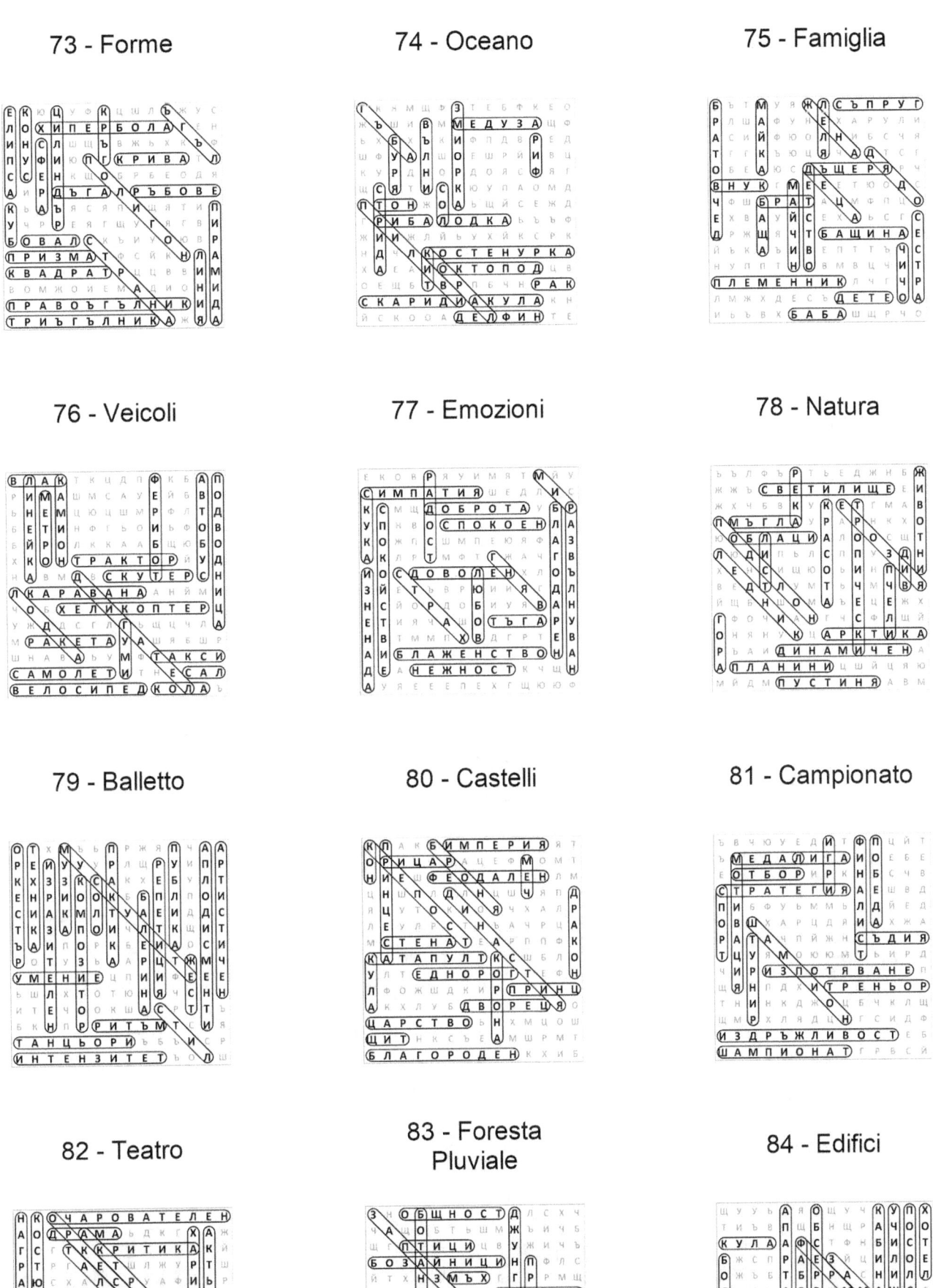

73 - Forme

74 - Oceano

75 - Famiglia

76 - Veicoli

77 - Emozioni

78 - Natura

79 - Balletto

80 - Castelli

81 - Campionato

82 - Teatro

83 - Foresta Pluviale

84 - Edifici

85 - Paesi #2

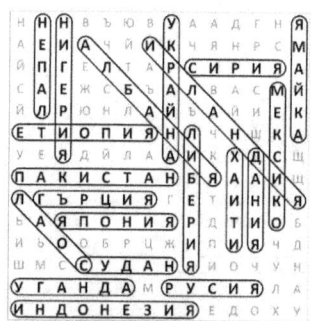

86 - Tipi di Capelli

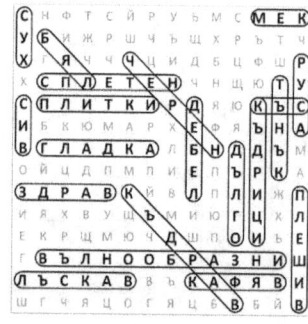

87 - Vestiti

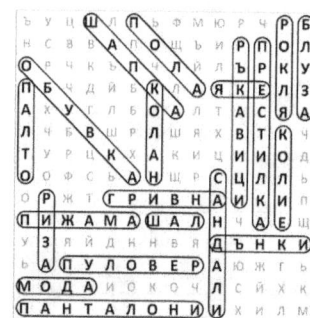

88 - Attività e Tempo Libero

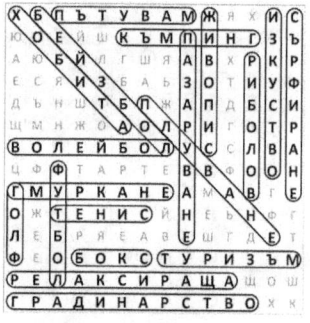

89 - Tecnologia

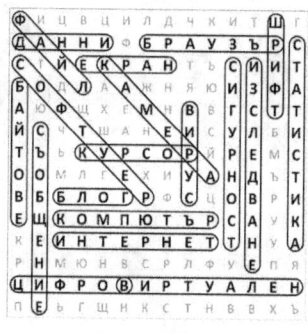

90 - Arte

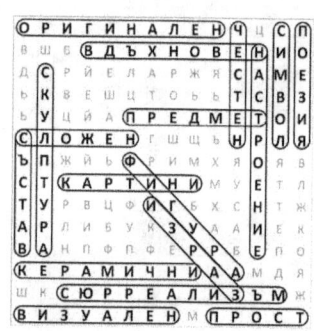

91 - Meteo

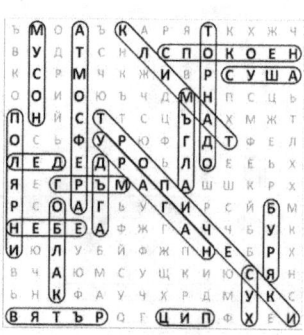

92 - Corpo Umano

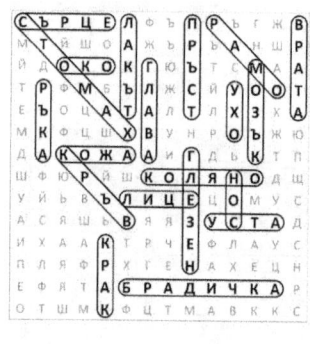

93 - Mammiferi

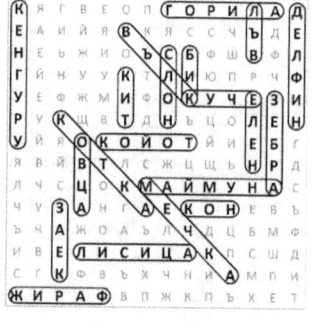

94 - Arrampicata

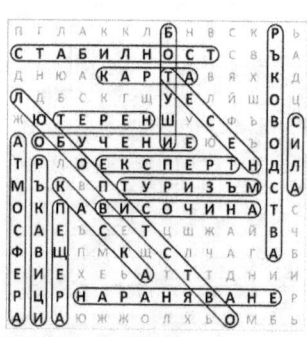

95 - Animali Domestici

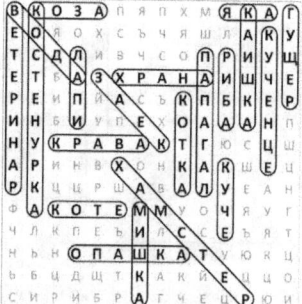

96 - Cucina

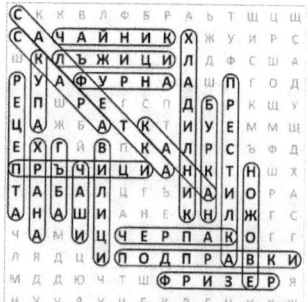

97 - Vacanze #2

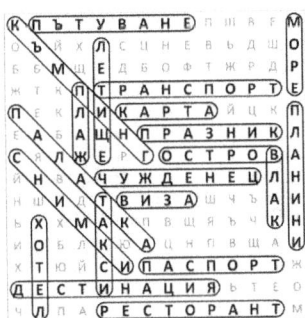

98 - Attività

99 - Forniture Artistiche

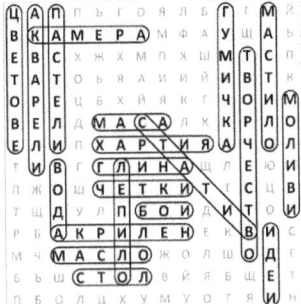

100 - Misurazioni

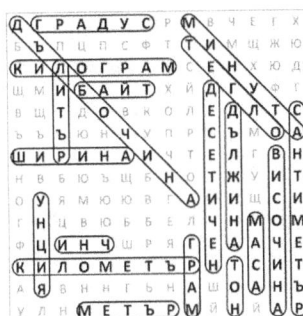

Dizionario

Acqua
Вода

Alluvione	Наводнение
Canale	Канал
Doccia	Душ
Evaporazione	Изпаряване
Fiume	Река
Gelo	Мраз
Geyser	Гейзер
Ghiaccio	Лед
Irrigazione	Напояване
Lago	Езеро
Monsone	Мусон
Neve	Сняг
Oceano	Океан
Onde	Вълни
Pioggia	Дъжд
Umidità	Влага
Umido	Влажна
Uragano	Ураган
Vapore	Пара

Aeroplani
Самолети

Altezza	Височина
Aria	Въздух
Atmosfera	Атмосфера
Atterraggio	Кацане
Avventura	Приключение
Carburante	Гориво
Cielo	Небе
Costruzione	Строителство
Design	Дизайн
Direzione	Посока
Discesa	Спускане
Eliche	Витла
Equipaggio	Екипаж
Idrogeno	Водород
Motore	Двигател
Palloncino	Балон
Passeggero	Пътник
Pilota	Пилот
Storia	История
Turbolenza	Сътресение

Aggettivi #1
Прилагателни #1

Ambizioso	Амбициозен
Aromatico	Ароматен
Artistico	Артистичен
Assoluto	Абсолютен
Attivo	Активен
Enorme	Огромен
Esotico	Екзотичен
Generoso	Щедър
Giovane	Млад
Grande	Голям
Identico	Идентичен
Importante	Важно
Lento	Бавен
Lungo	Дълго
Moderno	Модерен
Onesto	Честен
Perfetto	Идеален
Pesante	Тежък
Prezioso	Ценен
Sottile	Тънък

Aggettivi #2
Прилагателни #2

Affamato	Гладен
Asciutto	Сух
Autentico	Автентичен
Creativo	Творчески
Descrittivo	Описателен
Dolce	Сладък
Drammatico	Драматичен
Elegante	Елегантен
Famoso	Известен
Forte	Силен
Interessante	Интересно
Naturale	Природен
Normale	Нормален
Nuovo	Нов
Orgoglioso	Горд
Produttivo	Продуктивни
Puro	Чист
Responsabile	Отговорен
Salato	Солен
Sano	Здрав

Animali Domestici
Домашни Любимци

Acqua	Вода
Cane	Куче
Capra	Коза
Cibo	Храна
Coda	Опашка
Collare	Яка
Coniglio	Заек
Criceto	Хамстер
Cucciolo	Кученце
Gattino	Коте
Gatto	Котка
Guinzaglio	Каишка
Lucertola	Гущер
Mucca	Крава
Pappagallo	Папагал
Pesce	Риба
Tartaruga	Костенурка
Topo	Мишка
Veterinario	Ветеринар
Zampe	Лапи

Antartide
Антарктида

Acqua	Вода
Ambiente	Среда
Baia	Залив
Balene	Китове
Conservazione	Запазване
Continente	Континент
Geografia	География
Ghiacciai	Ледници
Ghiaccio	Лед
Isole	Острови
Migrazione	Миграция
Minerali	Минерали
Nuvole	Облаци
Penisola	Полуостров
Ricercatore	Изследовател
Roccioso	Скалист
Scientifico	Научен
Spedizione	Експедиция
Temperatura	Температура
Topografia	Топография

Api
Пчелите

Ali	Крила
Alveare	Кошер
Benefico	Полезно
Cera	Восък
Cibo	Храна
Diversità	Разнообразие
Ecosistema	Екосистема
Fiori	Цветя
Frutta	Плодове
Fumo	Дим
Giardino	Градина
Insetto	Насекомо
Miele	Мед
Piante	Растения
Polline	Прашец
Regina	Кралица
Sciame	Рояк
Sole	Слънце

Arrampicata
Катерене

Altitudine	Височина
Atmosfera	Атмосфера
Casco	Каска
Curiosità	Любопитство
Escursioni	Туризъм
Esperto	Експерт
Fisico	Физически
Formazione	Обучение
Forza	Сила
Grotta	Пещера
Guanti	Ръкавици
Guide	Ръководства
Lesione	Нараняване
Mappa	Карта
Stabilità	Стабилност
Stivali	Ботуши
Stretto	Тесен
Terreno	Терен

Arte
Изкуство

Ceramica	Керамични
Complesso	Сложен
Composizione	Състав
Dipinti	Картини
Espressione	Израз
Figura	Фигура
Ispirato	Вдъхновен
Onesto	Честен
Originale	Оригинален
Poesia	Поезия
Scultura	Скулптура
Semplice	Прост
Simbolo	Символ
Soggetto	Предмет
Surrealismo	Сюрреализъм
Umore	Настроение
Visivo	Визуален

Arti Visive
Визуални Изкуства

Architettura	Архитектура
Argilla	Глина
Artista	Художник
Capolavoro	Шедьовър
Cavalletto	Статив
Cera	Восък
Ceramica	Керамика
Composizione	Състав
Creatività	Творчество
Film	Филм
Fotografia	Снимка
Gesso	Тебешир
Matita	Молив
Penna	Дръжка
Pittura	Живопис
Prospettiva	Перспектива
Ritratto	Портрет
Scultura	Скулптура
Stampino	Шаблон
Vernice	Лак

Astronomia
Астрономия

Asteroide	Астероид
Astronauta	Астронавт
Astronomo	Астроном
Cielo	Небе
Cosmo	Космос
Costellazione	Съзвездие
Equinozio	Равноденствие
Galassia	Галактика
Gravità	Гравитация
Luna	Луна
Meteora	Метеор
Nebulosa	Мъглявина
Osservatorio	Обсерватория
Pianeta	Планета
Radiazione	Радиация
Razzo	Ракета
Supernova	Свръхнова
Telescopio	Телескоп
Terra	Земя
Universo	Вселена

Attività
Дейности

Abilità	Умение
Arte	Изкуство
Artigianato	Занаяти
Attività	Дейност
Caccia	Лов
Campeggio	Къмпинг
Ceramica	Керамика
Cucire	Шиене
Danza	Танци
Escursioni	Туризъм
Fotografia	Фотография
Giardinaggio	Градинарство
Giochi	Игри
Interessi	Интереси
Lettura	Четене
Magia	Магия
Pesca	Риболов
Piacere	Удоволствие
Puzzle	Пъзели
Rilassamento	Релаксация

Attività e Tempo Libero
Дейности и Свободно Време

Arte	Изкуство
Baseball	Бейзбол
Basket	Баскетбол
Boxe	Бокс
Calcio	Футбол
Campeggio	Къмпинг
Escursioni	Туризъм
Giardinaggio	Градинарство
Golf	Голф
Hobby	Хобита
Immersione	Гмуркане
Nuoto	Плуване
Pallavolo	Волейбол
Pesca	Риболов
Pittura	Живопис
Rilassante	Релаксираща
Shopping	Пазаруване
Surf	Сърфиране
Tennis	Тенис
Viaggio	Пътувам

Avventura
Приключенски

Amici	Приятели
Attività	Дейност
Bellezza	Красота
Caso	Шанс
Destinazione	Дестинация
Difficoltà	Трудност
Entusiasmo	Ентусиазъм
Escursione	Екскурзия
Gioia	Радост
Insolito	Необичаен
Itinerario	Маршрут
Natura	Природа
Navigazione	Навигация
Nuovo	Нов
Opportunità	Възможност
Pericoloso	Опасен
Preparazione	Подготовка
Sicurezza	Безопасност
Viaggi	Пътува

Bagno
Баня

Acqua	Вода
Asciugamano	Кърпа
Bagno	Баня
Bolle	Мехурчета
Doccia	Душ
Forbici	Ножица
Gabinetto	Тоалетна
Lozione	Лосион
Profumo	Парфюм
Rubinetto	Кран
Sapone	Сапун
Shampoo	Шампоан
Specchio	Огледало
Spugna	Гъба
Tappeto	Килим
Vapore	Пара

Balletto
Балет

Abilità	Умение
Applauso	Аплодисменти
Artistico	Артистичен
Assolo	Соло
Ballerina	Балерина
Ballerini	Танцьори
Compositore	Композитор
Coreografia	Хореография
Espressivo	Изразителен
Gesto	Жест
Intensità	Интензитет
Muscoli	Мускулите
Musica	Музика
Orchestra	Оркестър
Pratica	Практика
Prova	Репетиция
Pubblico	Публика
Ritmo	Ритъм
Stile	Стил
Tecnica	Техника

Barbecue
Барбекюта

Caldo	Горещ
Cena	Вечеря
Cibo	Храна
Cipolle	Лук
Coltelli	Ножове
Estate	Лято
Fame	Глад
Famiglia	Семейство
Frutta	Плодове
Giochi	Игри
Griglia	Скара
Insalate	Салати
Invito	Покана
Musica	Музика
Pepe	Пипер
Pollo	Пиле
Pomodori	Домати
Pranzo	Обяд
Sale	Сол
Salsa	Сос

Campeggio
Къмпинг

Alberi	Дървета
Amaca	Хамак
Animali	Животни
Avventura	Приключение
Bussola	Компас
Cabina	Кабина
Caccia	Лов
Canoa	Кану
Cappello	Шапка
Corda	Въже
Divertimento	Забавление
Foresta	Гора
Fuoco	Огън
Insetto	Насекомо
Lago	Езеро
Luna	Луна
Mappa	Карта
Montagna	Планина
Natura	Природа
Tenda	Палатка

Campionato
Първенство

Allenatore	Треньор
Campionato	Шампионат
Campione	Шампион
Finalista	Финалист
Giochi	Игри
Giudice	Съдия
Lega	Лига
Medaglia	Медал
Motivazione	Мотивация
Resistenza	Издръжливост
Sportivo	Спорт
Squadra	Отбор
Strategia	Стратегия
Sudore	Изпотяване
Torneo	Турнир
Vittoria	Победа

Casa
Къща

Attico	Таван
Biblioteca	Библиотека
Camera	Стая
Camino	Камина
Chiavi	Ключове
Cucina	Кухня
Doccia	Душ
Finestra	Прозорец
Garage	Гараж
Giardino	Градина
Lampada	Лампа
Parete	Стена
Pavimento	Етаж
Porta	Врата
Recinto	Ограда
Rubinetto	Кран
Scopa	Метла
Specchio	Огледало
Tappeto	Килим
Tetto	Покрив

Castelli
Замъци

Armatura	Броня
Catapulta	Катапулт
Cavaliere	Рицар
Cavallo	Кон
Corona	Корона
Dinastia	Династия
Drago	Дракон
Feudale	Феодален
Fortezza	Крепост
Impero	Империя
Nobile	Благороден
Palazzo	Дворец
Parete	Стена
Principe	Принц
Principessa	Принцеса
Regno	Царство
Scudo	Щит
Spada	Меч
Torre	Кула
Unicorno	Еднорог

Cibo #1
Храна #1

Aglio	Чесън
Basilico	Босилек
Cannella	Канела
Carne	Месо
Carota	Морков
Cipolla	Лук
Fragola	Ягода
Insalata	Салата
Latte	Мляко
Limone	Лимон
Menta	Мента
Orzo	Ечемик
Pera	Круша
Rapa	Ряпа
Sale	Сол
Spinaci	Спанак
Succo	Сок
Tonno	Тон
Torta	Торта
Zucchero	Захар

Cibo #2
Храна #2

Banana	Банан
Broccolo	Броколи
Ciliegia	Череша
Cioccolato	Шоколад
Formaggio	Сирене
Fungo	Гъба
Grano	Пшеница
Kiwi	Киви
Mela	Ябълка
Melanzana	Патладжан
Pane	Хляб
Pesce	Риба
Pollo	Пиле
Pomodoro	Домат
Prosciutto	Шунка
Riso	Ориз
Sedano	Целина
Uovo	Яйце
Uva	Грозде
Yogurt	Кисело Мляко

Cioccolato
Шоколад

Amaro	Горчив
Antiossidante	Антиоксидант
Arachidi	Фъстъци
Aroma	Аромат
Artigianale	Занаятчийски
Cacao	Какао
Calorie	Калории
Caramella	Бонбон
Caramello	Карамел
Delizioso	Вкусен
Dolce	Сладък
Esotico	Екзотичен
Gusto	Вкус
Ingrediente	Съставка
Noce di Cocco	Кокосов Орех
Polvere	Прах
Preferito	Любим
Qualità	Качество
Ricetta	Рецепта
Zucchero	Захар

Circo
Цирк

Acrobata	Акробат
Animali	Животни
Biglietto	Билет
Caramella	Бонбон
Clown	Клоун
Costume	Костюм
Elefante	Слон
Giocoliere	Жонгльор
Leone	Лъв
Magia	Магия
Mago	Магьосник
Musica	Музика
Palloncini	Балони
Parata	Парад
Scimmia	Маймуна
Spettatore	Зрител
Tenda	Палатка
Tigre	Тигър
Trucco	Трик

Città
Град

Aeroporto	Летище
Banca	Банка
Biblioteca	Библиотека
Cinema	Кино
Clinica	Клиника
Farmacia	Аптека
Fiorista	Цветар
Galleria	Галерия
Hotel	Хотел
Libreria	Книжарница
Mercato	Пазар
Museo	Музей
Negozio	Магазин
Panetteria	Фурна
Scuola	Училище
Stadio	Стадион
Supermercato	Супермаркет
Teatro	Театър
Università	Университет
Zoo	Зоопарк

Colori
Цветове

Arancia	Оранжев
Azzurro	Лазурен
Beige	Бежов
Bianco	Бял
Blu	Син
Ciano	Циан
Fucsia	Обичка
Giallo	Жълт
Grigio	Сив
Indaco	Индиго
Marrone	Кафяв
Nero	Черен
Rosa	Розов
Rosso	Червен
Seppia	Сепия
Verde	Зелен
Viola	Лилав

Commedia
Комедия

Applauso	Аплодисменти
Attore	Актьор
Attrice	Актриса
Clown	Клоуни
Divertente	Смешно
Divertimento	Забавление
Espressivo	Изразителен
Genere	Жанр
Improvvisazione	Импровизация
Intelligente	Умен
Parodia	Пародия
Pubblico	Публика
Risata	Смях
Scherzi	Вицове
Teatro	Театър
Televisione	Телевизия
Umorismo	Хумор

Compleanno
Рожден Ден

Amici	Приятели
Anno	Година
Calendario	Календар
Candele	Свещи
Canzone	Песен
Carte	Карти
Celebrazione	Празник
Divertimento	Забавление
Felice	Щастлив
Gioioso	Радостен
Giorno	Ден
Giovane	Млад
Inviti	Покани
Nato	Роден
Regalo	Подарък
Ricordi	Спомени
Saggezza	Мъдрост
Speciale	Специален
Tempo	Час
Torta	Торта

Corpo Umano
Човешкото Тяло

Bocca	Уста
Caviglia	Глезен
Cervello	Мозък
Collo	Врата
Cuore	Сърце
Dito	Пръст
Faccia	Лице
Gamba	Крак
Ginocchio	Коляно
Gomito	Лакът
Mano	Ръка
Mento	Брадичка
Naso	Нос
Occhio	Око
Orecchio	Ухо
Pelle	Кожа
Sangue	Кръв
Spalla	Рамо
Stomaco	Стомах
Testa	Глава

Cucina
Кухня

Bacchette	Пръчици
Bollitore	Чайник
Brocca	Кана
Cibo	Храна
Ciotola	Купа
Coltelli	Ножове
Congelatore	Фризер
Cucchiai	Лъжици
Forchette	Вилици
Forno	Фурна
Frigorifero	Хладилник
Grembiule	Престилка
Griglia	Скара
Mestolo	Черпак
Ricetta	Рецепта
Spezie	Подправки
Spugna	Гъба
Tazze	Чаши
Tovagliolo	Салфетка
Vaso	Буркан

Danza
Танцувай

Accademia	Академия
Arte	Изкуство
Classico	Класически
Compagno	Партньор
Coreografia	Хореография
Corpo	Тяло
Cultura	Култура
Culturale	Културен
Emozione	Емоция
Espressivo	Изразителен
Gioioso	Радостен
Grazia	Благодат
Movimento	Движение
Musica	Музика
Postura	Поза
Prova	Репетиция
Ritmo	Ритъм
Tradizionale	Традиционен
Visivo	Визуален

Dinosauri
Динозаври

Ali	Крила
Coda	Опашка
Enorme	Огромен
Erbivoro	Тревопасен
Evoluzione	Еволюция
Grande	Голям
Mammut	Мамут
Onnivoro	Всеядни
Potente	Мощен
Preda	Плячка
Rettile	Влечуго
Scomparsa	Изчезване
Specie	Вид
Taglia	Размер
Terra	Земя
Vizioso	Порочен

Discipline Scientifiche
Научни Дисциплини

Anatomia	Анатомия
Archeologia	Археология
Astronomia	Астрономия
Biochimica	Биохимия
Biologia	Биология
Botanica	Ботаника
Chimica	Химия
Ecologia	Екология
Fisiologia	Физиология
Geologia	Геология
Immunologia	Имунология
Linguistica	Лингвистика
Meccanica	Механика
Meteorologia	Метеорология
Mineralogia	Минералогия
Neurologia	Неврология
Psicologia	Психология
Sociologia	Социология
Termodinamica	Термодинамика
Zoologia	Зоология

Ecologia
Екология

Clima	Климат
Comunità	Общности
Diversità	Разнообразие
Fauna	Фауна
Flora	Флора
Globale	Глобален
Marino	Морски
Montagne	Планини
Natura	Природа
Naturale	Природен
Palude	Блато
Piante	Растения
Risorse	Ресурси
Siccità	Суша
Sopravvivenza	Оцеляване
Sostenibile	Устойчив
Specie	Вид
Varietà	Сорт
Vegetazione	Растителност
Volontari	Доброволци

Edifici
Сгради

Ambasciata	Посолство
Appartamento	Апартамент
Cabina	Кабина
Castello	Замък
Cinema	Кино
Fabbrica	Фабрика
Fattoria	Ферма
Fienile	Плевня
Hotel	Хотел
Laboratorio	Лаборатория
Museo	Музей
Ospedale	Болница
Osservatorio	Обсерватория
Scuola	Училище
Stadio	Стадион
Supermercato	Супермаркет
Teatro	Театър
Tenda	Палатка
Torre	Кула
Università	Университет

Emozioni
Емоции

Amore	Любов
Beatitudine	Блаженство
Calma	Спокоен
Eccitato	Развълнуван
Gentilezza	Доброта
Gioia	Радост
Grato	Благодарен
Noia	Скука
Pace	Мир
Paura	Страх
Rabbia	Гняв
Simpatia	Симпатия
Soddisfatto	Доволен
Sorpresa	Изненада
Tenerezza	Нежност
Tranquillità	Спокойствие
Tristezza	Тъга

Erboristeria
Билбализъм

Aglio	Чесън
Aromatico	Ароматен
Basilico	Босилек
Coriandolo	Кориандър
Culinario	Кулинарен
Dragoncello	Естрагон
Finocchio	Копър
Fiore	Цвете
Giardino	Градина
Ingrediente	Съставка
Lavanda	Лавандула
Maggiorana	Риган
Menta	Мента
Pianta	Растение
Prezzemolo	Магданоз
Qualità	Качество
Rosmarino	Розмарин
Timo	Мащерка
Verde	Зелен
Zafferano	Шафран

Escursionismo
Туризъм

Acqua	Вода
Animali	Животни
Campeggio	Къмпинг
Clima	Климат
Guide	Ръководства
Mappa	Карта
Montagna	Планина
Natura	Природа
Orientamento	Ориентация
Parchi	Паркове
Pesante	Тежък
Pietre	Камъни
Preparazione	Подготовка
Scogliera	Скала
Selvaggio	Див
Sole	Слънце
Stanco	Уморен
Stivali	Ботуши
Vertice	Връх
Zanzare	Комари

Esplorazione
Проучване

Animali	Животни
Attività	Дейност
Coraggio	Кураж
Culture	Култури
Determinazione	Определяне
Eccitazione	Вълнение
Esaurimento	Изтощение
Lingua	Език
Nuovo	Нов
Ricerca	Търсене
Sconosciuto	Неизвестен
Scoperta	Откритие
Selvaggio	Див
Spazio	Пространство
Terreno	Терен
Viaggio	Пътувам

Estate
Лятото

Amici	Приятели
Campeggio	Къмпинг
Casa	Дом
Cibo	Храна
Famiglia	Семейство
Giardino	Градина
Giochi	Игри
Gioia	Радост
Immersione	Гмуркане
Libri	Книги
Mare	Море
Musica	Музика
Ricordi	Спомени
Rilassamento	Релаксация
Sandali	Сандали
Spiaggia	Плаж
Stelle	Звезди
Viaggio	Пътувам

Famiglia
Семейство

Antenato	Предшественик
Bambini	Деца
Bambino	Дете
Cugino	Братовчед
Figlia	Дъщеря
Fratello	Брат
Infanzia	Детство
Madre	Майка
Marito	Съпруг
Materno	Майчин
Moglie	Жена
Nipote	Племенник
Nipote	Внук
Nonna	Баба
Nonno	Дядо
Padre	Баща
Paterno	Бащина
Sorella	Сестра
Zia	Леля
Zio	Чичо

Fantascienza
Научна Фантастика

Atomico	Атомен
Cinema	Кино
Distopia	Дистопия
Esplosione	Експлозия
Estremo	Екстремни
Fantastico	Фантастично
Fuoco	Огън
Futuristico	Футуристичен
Galassia	Галактика
Illusione	Илюзия
Immaginario	Въображаем
Libri	Книги
Misterioso	Мистериозен
Mondo	Свят
Oracolo	Оракул
Pianeta	Планета
Robot	Роботи
Scenario	Сценарий
Tecnologia	Технология
Utopia	Утопия

Fattoria #1
Ферма #1

Acqua	Вода
Ape	Пчела
Asino	Магаре
Campo	Поле
Cane	Куче
Capra	Коза
Cavallo	Кон
Fertilizzante	Тор
Fieno	Сено
Gatto	Котка
Gregge	Стадо
Maiale	Свиня
Miele	Мед
Mucca	Крава
Pollo	Пиле
Recinto	Ограда
Riso	Ориз
Semi	Семена
Terra	Земя
Vitello	Теле

Fattoria #2
Ферма #2

Agnello	Агне
Agricoltore	Фермер
Alveare	Кошер
Anatra	Патица
Animali	Животни
Cibo	Храна
Fienile	Плевня
Frutta	Плодове
Grano	Пшеница
Irrigazione	Напояване
Lama	Лама
Latte	Мляко
Mais	Царевица
Oche	Гъски
Orzo	Ечемик
Pastore	Овчар
Pecora	Овца
Prato	Ливада
Trattore	Трактор
Verdura	Зеленчук

Fiori
Цветя

Calendula	Невен
Dente di Leone	Глухарче
Gardenia	Гардения
Gelsomino	Жасмин
Giglio	Лилия
Girasole	Слънчоглед
Ibisco	Хибискус
Lavanda	Лавандула
Lilla	Люляк
Magnolia	Магнолия
Margherita	Маргаритка
Mazzo	Букет
Narciso	Нарцис
Orchidea	Орхидея
Papavero	Мак
Peonia	Божур
Petalo	Венчелистче
Rosa	Роза
Trifoglio	Детелина
Tulipano	Лале

Foresta Pluviale
Дъждовни Гори

Anfibi	Земноводни
Botanico	Ботанически
Clima	Климат
Comunità	Общност
Diversità	Разнообразие
Giungla	Джунгла
Insetti	Насекоми
Mammiferi	Бозайници
Muschio	Мъх
Natura	Природа
Nuvole	Облаци
Preservazione	Запазване
Prezioso	Ценен
Rifugio	Убежище
Rispetto	Уважение
Sopravvivenza	Оцеляване
Specie	Вид
Uccelli	Птици

Forme
Форми

Angolo	Ъгъл
Arco	Дъга
Bordi	Ръбове
Cerchio	Кръг
Cilindro	Цилиндър
Cono	Конус
Cubo	Куб
Curva	Крива
Ellisse	Елипса
Iperbole	Хипербола
Lato	Страна
Linea	Линия
Ovale	Овал
Piramide	Пирамида
Poligono	Полигон
Prisma	Призма
Quadrato	Квадрат
Rettangolo	Правоъгълник
Sfera	Сфера
Triangolo	Триъгълник

Forniture Artistiche
Арт Консумативи

Acqua	Вода
Acquerelli	Акварели
Acrilico	Акрилен
Argilla	Глина
Carta	Хартия
Cavalletto	Статив
Colla	Лепило
Colori	Цветове
Creatività	Творчество
Gomma	Гумичка
Idee	Идеи
Inchiostro	Мастило
Matite	Моливи
Olio	Масло
Pastelli	Пастели
Sedia	Стол
Spazzole	Четки
Tavolo	Маса
Telecamera	Камера
Vernici	Бои

Frutta
Плодове

Albicocca	Кайсия
Ananas	Ананас
Arancia	Оранжев
Avocado	Авокадо
Bacca	Бери
Banana	Банан
Ciliegia	Череша
Kiwi	Киви
Lampone	Малина
Limone	Лимон
Mango	Манго
Mela	Ябълка
Melone	Пъпеш
Mora	Къпина
Nettarina	Нектарин
Papaia	Папая
Pera	Круша
Pesca	Праскова
Prugna	Слива
Uva	Грозде

Gatti
Котки

Artiglio	Нокът
Cacciatore	Ловец
Coda	Опашка
Curioso	Любопитен
Divertente	Смешно
Dormire	Спя
Filo	Прежда
Indipendente	Независим
Pazzo	Луд
Personalità	Личност
Poco	Малко
Selvaggio	Див
Timido	Срамежлив
Topo	Мишка
Veloce	Бърз
Zampa	Лапа

Geografia
География

Altitudine	Височина
Atlante	Атлас
Città	Град
Continente	Континент
Emisfero	Полукълбо
Fiume	Река
Isola	Остров
Latitudine	Ширина
Longitudine	Дължина
Mappa	Карта
Mare	Море
Meridiano	Меридиан
Mondo	Свят
Montagna	Планина
Nord	Север
Ovest	Запад
Paese	Страна
Regione	Регион
Sud	Юг
Territorio	Територия

Geologia
Геология

Acido	Киселина
Altopiano	Плато
Calcio	Калций
Caverna	Пещера
Continente	Континент
Corallo	Корал
Cristalli	Кристали
Erosione	Ерозия
Fossile	Минерал
Geyser	Гейзер
Lava	Лава
Minerali	Минерали
Pietra	Камък
Quarzo	Кварц
Sale	Сол
Stalagmiti	Сталагмити
Stalattite	Сталактит
Strato	Слой
Terremoto	Земетресение
Vulcano	Вулкан

Giardino
Градина

Albero	Дърво
Amaca	Хамак
Cespuglio	Храст
Erba	Трева
Erbacce	Плевели
Fiore	Цвете
Garage	Гараж
Giardino	Градина
Pala	Лопата
Panca	Пейка
Portico	Веранда
Rastrello	Рака
Recinto	Ограда
Rocce	Скали
Stagno	Езерце
Suolo	Почва
Terrazza	Тераса
Trampolino	Батут
Tubo	Маркуч
Vite	Лоза

Giocattoli
Играчки

Aereo	Самолет
Aquilone	Хвърчило
Argilla	Глина
Artigianato	Занаяти
Auto	Кола
Bambola	Кукла
Barca	Лодка
Batteria	Барабани
Bicicletta	Велосипед
Camion	Камион
Giochi	Игри
Immaginazione	Въображение
Libri	Книги
Palla	Топка
Preferito	Любим
Robot	Робот
Scacchi	Шах
Treno	Влак
Vernici	Бои

Giorni e Mesi
Дни и Месеци

Agosto	Август
Anno	Година
Aprile	Април
Calendario	Календар
Dicembre	Декември
Domenica	Неделя
Febbraio	Февруари
Gennaio	Януари
Giugno	Юни
Luglio	Юли
Lunedì	Понеделник
Martedì	Вторник
Mercoledì	Сряда
Mese	Месец
Novembre	Ноември
Ottobre	Октомври
Sabato	Събота
Settembre	Септември
Settimana	Седмица
Venerdì	Петък

Guida
Шофиране

Auto	Кола
Autobus	Автобус
Carburante	Гориво
Freni	Спирачки
Garage	Гараж
Gas	Газ
Incidente	Злополука
Licenza	Лиценз
Mappa	Карта
Moto	Мотоциклет
Motore	Мотор
Pedonale	Пешеходец
Pericolo	Опасност
Polizia	Полиция
Sicurezza	Безопасност
Strada	Път
Traffico	Трафик
Trasporto	Транспорт
Tunnel	Тунел
Velocità	Скорост

Imbarcazioni
Лодки

Albero	Мачта
Ancora	Котва
Barca a Vela	Платноходка
Boa	Шамандура
Canoa	Кану
Corda	Въже
Equipaggio	Екипаж
Fiume	Река
Kayak	Каяк
Lago	Езеро
Mare	Море
Marea	Прилив
Marinaio	Моряк
Motore	Двигател
Nautico	Морски
Oceano	Океан
Onde	Вълни
Traghetto	Ферибот
Yacht	Яхта
Zattera	Сал

Insetti
Насекоми

Afide	Въшка
Ape	Пчела
Calabrone	Стършел
Cavalletta	Скакалец
Cicala	Цикада
Coccinella	Калинка
Coleottero	Бръмбар
Falena	Молец
Farfalla	Пеперуда
Formica	Мравка
Larva	Ларва
Libellula	Водно Конче
Mantide	Богомолка
Pulce	Бълха
Scarafaggio	Хлебарка
Termite	Термит
Verme	Червей
Vespa	Оса
Zanzara	Комар

Letteratura
Литература

Analisi	Анализ
Analogia	Аналогия
Aneddoto	Анекдот
Autore	Автор
Biografia	Биография
Conclusione	Заключение
Confronto	Сравнение
Descrizione	Описание
Dialogo	Диалог
Genere	Жанр
Metafora	Метафора
Opinione	Мнение
Poesia	Стихотворение
Poetico	Поетичен
Rima	Рима
Ritmo	Ритъм
Romanzo	Роман
Stile	Стил
Tema	Тема
Tragedia	Трагедия

Libri
Книги

Autore	Автор
Avventura	Приключение
Collezione	Колекция
Contesto	Контекст
Dualità	Двойственост
Epico	Епичен
Immersione	Потапяне
Inventivo	Изобретателен
Letterario	Литература
Lettore	Читател
Narratore	Разказвач
Pagina	Страница
Poesia	Поезия
Rilevante	Уместен
Romanzo	Роман
Serie	Серия
Storia	История
Storico	Исторически
Tragico	Трагичен
Umoristico	Хумористичен

Mammiferi
Бозайници

Balena	Кит
Cane	Куче
Canguro	Кенгуру
Cavallo	Кон
Cervo	Елен
Coniglio	Заек
Coyote	Койот
Delfino	Делфин
Elefante	Слон
Gatto	Котка
Giraffa	Жираф
Gorilla	Горила
Leone	Лъв
Lupo	Вълк
Orso	Мечка
Pecora	Овца
Scimmia	Маймуна
Toro	Бик
Volpe	Лисица
Zebra	Зебра

Matematica
Математически

Angoli	Ъгли
Aritmetica	Аритметика
Circonferenza	Обиколка
Decimale	Десетичен
Diametro	Диаметър
Equazione	Уравнение
Esponente	Степен
Frazione	Фракция
Geometria	Геометрия
Parallelo	Прилика
Perimetro	Периметър
Poligono	Полигон
Quadrato	Квадрат
Raggio	Радиус
Rettangolo	Правоъгълник
Sfera	Сфера
Simmetria	Симетрия
Somma	Сума
Triangolo	Триъгълник

Meditazione
Медитация

Accettazione	Приемане
Attenzione	Внимание
Calma	Спокоен
Chiarezza	Яснота
Compassione	Състрадание
Emozioni	Емоции
Gentilezza	Доброта
Gratitudine	Благодарност
Mentale	Умствен
Mente	Ум
Movimento	Движение
Musica	Музика
Natura	Природа
Osservazione	Наблюдение
Pace	Мир
Pensieri	Мисли
Postura	Поза
Prospettiva	Перспектива
Respirazione	Дишане
Silenzio	Тишина

Meteo
Времето

Arcobaleno	Дъга
Asciutto	Сух
Atmosfera	Атмосфера
Calma	Спокоен
Cielo	Небе
Clima	Климат
Fulmine	Цип
Ghiaccio	Лед
Monsone	Мусон
Nebbia	Мъгла
Nube	Облак
Polare	Полярни
Siccità	Суша
Temperatura	Температура
Tempesta	Буря
Tornado	Торнадо
Tropicale	Тропически
Tuono	Гръм
Uragano	Ураган
Vento	Вятър

Misurazioni
Измервания

Altezza	Височина
Byte	Байт
Centimetro	Сантиметър
Chilogrammo	Килограм
Chilometro	Километър
Decimale	Десетичен
Grado	Градус
Grammo	Грам
Larghezza	Ширина
Litro	Литър
Lunghezza	Дължина
Massa	Маса
Metro	Метър
Minuto	Минута
Oncia	Унция
Peso	Тегло
Pollice	Инч
Profondità	Дълбочина
Tonnellata	Тон

Mitologia
Митология

Archetipo	Архетип
Comportamento	Поведение
Creatura	Създание
Creazione	Създаване
Cultura	Култура
Disastro	Бедствие
Divinità	Божества
Eroe	Герой
Forza	Сила
Fulmine	Мълния
Gelosia	Ревност
Guerriero	Воин
Immortalità	Безсмъртие
Labirinto	Лабиринт
Leggenda	Легенда
Magico	Магически
Mortale	Смъртен
Mostro	Чудовище
Tuono	Гръм
Vendetta	Отмъщение

Mobili
Мебели

Amaca	Хамак
Armoire	Шкаф
Cuscini	Възглавници
Cuscino	Възглавница
Divano	Диван
Futon	Футон
Lampada	Лампа
Letto	Легло
Materasso	Матрак
Panca	Пейка
Scaffali	Рафтове
Scrivania	Бюро
Sedia	Стол
Specchio	Огледало
Tappeto	Килим
Tende	Пердета

Natura
Природата

Animali	Животни
Api	Пчели
Artico	Арктика
Bellezza	Красота
Deserto	Пустиня
Dinamico	Динамичен
Erosione	Ерозия
Fiume	Река
Fogliame	Лист
Foresta	Гора
Ghiacciaio	Ледник
Montagne	Планини
Nebbia	Мъгла
Nuvole	Облаци
Rifugio	Подслон
Santuario	Светилище
Selvaggio	Див
Tropicale	Тропически
Vitale	Жизненоважни

Numeri
Числа

Cinque	Пет
Decimale	Десетичен
Diciannove	Деветнадесет
Diciassette	Седемнадесет
Diciotto	Осемнадесет
Dieci	Десет
Dodici	Дванадесет
Due	Две
Nove	Девет
Otto	Осем
Quattordici	Четиринадесет
Quattro	Четири
Quindici	Петнадесет
Sedici	Шестнадесет
Sei	Шест
Sette	Седем
Tre	Три
Tredici	Тринадесет
Venti	Двадесет
Zero	Нула

Nutrizione
Хранене

Amaro	Горчив
Appetito	Апетит
Bilanciato	Балансиран
Calorie	Калории
Carboidrati	Въглехидрати
Commestibile	Ядни
Dieta	Диета
Digestione	Храносмилане
Fermentazione	Ферментация
Liquidi	Течности
Nutriente	Хранително
Peso	Тегло
Proteine	Протеини
Qualità	Качество
Salsa	Сос
Salute	Здраве
Sano	Здрав
Spezie	Подправки
Tossina	Токсин
Vitamina	Витамин

Oceano
Океан

Anguilla	Змиорка
Balena	Кит
Barca	Лодка
Corallo	Корал
Delfino	Делфин
Gamberetto	Скариди
Granchio	Рак
Maree	Приливи
Medusa	Медуза
Onde	Вълни
Ostrica	Стрида
Pesce	Риба
Polpo	Октопод
Sale	Сол
Scogliera	Риф
Spugna	Гъба
Squalo	Акула
Tartaruga	Костенурка
Tempesta	Буря
Tonno	Тон

Paesaggi
Пейзажи

Cascata	Водопад
Collina	Хълм
Deserto	Пустиня
Fiume	Река
Geyser	Гейзер
Ghiacciaio	Ледник
Grotta	Пещера
Iceberg	Айсберг
Isola	Остров
Lago	Езеро
Mare	Море
Montagna	Планина
Oasi	Оазис
Oceano	Океан
Palude	Блато
Penisola	Полуостров
Spiaggia	Плаж
Tundra	Тундра
Valle	Долина
Vulcano	Вулкан

Paesi #2
Страни #2

Albania	Албания
Danimarca	Дания
Etiopia	Етиопия
Giamaica	Ямайка
Giappone	Япония
Grecia	Гърция
Haiti	Хаити
Indonesia	Индонезия
Irlanda	Ирландия
Laos	Лаос
Liberia	Либерия
Messico	Мексико
Nepal	Непал
Nigeria	Нигерия
Pakistan	Пакистан
Russia	Русия
Siria	Сирия
Sudan	Судан
Ucraina	Украйна
Uganda	Уганда

Pesca
Риболов

Acqua	Вода
Attrezzatura	Оборудване
Barca	Лодка
Branchie	Хриле
Cesto	Кошница
Cucinare	Готвя
Esagerazione	Преувеличение
Esca	Стръв
Fiume	Река
Gancio	Кука
Lago	Езеро
Mascella	Челюст
Oceano	Океан
Pazienza	Търпение
Peso	Тегло
Pinne	Перки
Spiaggia	Плаж
Stagione	Сезон

Piante
Растения

Albero	Дърво
Bacca	Бери
Bambù	Бамбук
Botanica	Ботаника
Cactus	Кактус
Cespuglio	Храст
Crescere	Раста
Edera	Бръшлян
Erba	Билка
Fagiolo	Боб
Fertilizzante	Тор
Fiore	Цвете
Flora	Флора
Foglia	Лист
Foresta	Гора
Giardino	Градина
Muschio	Мъх
Petalo	Венчелистче
Radice	Корен
Vegetazione	Растителност

Pirati
Пирати

Ancora	Котва
Avventura	Приключение
Bandiera	Флаг
Bussola	Компас
Capitano	Капитан
Cattivo	Лош
Cicatrice	Белег
Equipaggio	Екипаж
Grotta	Пещера
Isola	Остров
Leggenda	Легенда
Mappa	Карта
Monete	Монети
Oro	Злато
Pappagallo	Папагал
Pericolo	Опасност
Rum	Ром
Spada	Меч
Spiaggia	Плаж
Tesoro	Съкровище

Professioni #1
Професии #1

Allenatore	Треньор
Ambasciatore	Посланик
Artista	Художник
Astronomo	Астроном
Avvocato	Адвокат
Ballerino	Танцьорка
Banchiere	Банкер
Cacciatore	Ловец
Cartografo	Картограф
Editore	Редактор
Farmacista	Фармацевт
Geologo	Геолог
Gioielliere	Бижутер
Idraulico	Водопроводчик
Marinaio	Моряк
Musicista	Музикант
Pianista	Пианист
Psicologo	Психолог
Scienziato	Учен
Veterinario	Ветеринар

Professioni #2
Професии #2

Astronauta	Астронавт
Bibliotecario	Библиотекар
Biologo	Биолог
Chirurgo	Хирург
Dentista	Зъболекар
Filosofo	Философ
Fotografo	Фотограф
Giardiniere	Градинар
Giornalista	Журналист
Illustratore	Илюстратор
Ingegnere	Инженер
Insegnante	Учител
Inventore	Изобретател
Investigatore	Следовател
Linguista	Лингвист
Medico	Лекар
Pilota	Пилот
Pittore	Художник
Ricercatore	Изследовател
Zoologo	Зоолог

Riempire
Запълване

Bacino	Басейн
Barile	Цев
Borsa	Чанта
Bottiglia	Шише
Busta	Плик
Cartella	Папка
Cassa	Щайга
Cassetto	Чекмедже
Cesto	Кошница
Nave	Кораб
Pacchetto	Пакет
Scatola	Кутия
Secchio	Кофа
Tasca	Джоб
Tubo	Тръба
Valigia	Куфар
Vasca	Вана
Vaso	Ваза
Vassoio	Тава

Ristorante #1
Ресторант #1

Allergia	Алергия
Caffè	Кафе
Cameriera	Сервитьорка
Carne	Месо
Cassiere	Касиер
Cibo	Храна
Ciotola	Купа
Coltello	Нож
Cucina	Кухня
Dessert	Десерт
Ingredienti	Съставки
Menù	Меню
Pane	Хляб
Piccante	Пикантни
Pollo	Пиле
Prenotazione	Резервация
Salsa	Сос
Tovagliolo	Салфетка

Ristorante #2
Ресторант #2

Acqua	Вода
Bevanda	Напитка
Cameriere	Сервитьор
Cena	Вечеря
Cucchiaio	Лъжица
Delizioso	Вкусен
Forchetta	Вилица
Frutta	Плодове
Ghiaccio	Лед
Insalata	Салата
Minestra	Супа
Pesce	Риба
Pranzo	Обяд
Sale	Сол
Sedia	Стол
Spezie	Подправки
Torta	Торта
Uova	Яйца
Verdure	Зеленчуци

Scacchi
Шах

Avversario	Противник
Bianco	Бял
Campione	Шампион
Concorso	Конкурс
Diagonale	Диагонал
Giocatore	Играч
Gioco	Игра
Intelligente	Умен
Nero	Черен
Passivo	Пасивен
Punti	Точки
Re	Крал
Regina	Кралица
Regole	Правила
Sacrificio	Жертва
Strategia	Стратегия
Tempo	Час
Torneo	Турнир

Scienza
Наука

Atomo	Атом
Chimico	Химически
Clima	Климат
Dati	Данни
Esperimento	Експеримент
Evoluzione	Еволюция
Fatto	Факт
Fisica	Физика
Fossile	Минерал
Gravità	Гравитация
Ipotesi	Хипотеза
Laboratorio	Лаборатория
Metodo	Метод
Minerali	Минерали
Molecole	Молекули
Natura	Природа
Organismo	Организъм
Osservazione	Наблюдение
Particelle	Частици
Scienziato	Учен

Scuola #1
Училище #1

Alfabeto	Азбука
Amici	Приятели
Aula	Клас
Biblioteca	Библиотека
Carta	Хартия
Cartelle	Папки
Divertimento	Забавление
Esami	Изпити
Insegnante	Учител
Libri	Книги
Marcatori	Маркери
Matematica	Математика
Matita	Молив
Pranzo	Обяд
Quiz	Викторина
Risposte	Отговори
Scrivania	Бюро
Sedia	Стол

Scuola #2
Училище #2

Accademico	Академичен
Autobus	Автобус
Biblioteca	Библиотека
Calendario	Календар
Carta	Хартия
Computer	Компютър
Dizionario	Речник
Educazione	Образование
Forbici	Ножица
Giochi	Игри
Grammatica	Граматика
Insegnante	Учител
Letteratura	Литература
Lettura	Четене
Libri	Книги
Matematica	Математика
Matita	Молив
Scarpe	Обувки
Scienza	Наука
Zaino	Раница

Spezie
Подправки

Aglio	Чесън
Amaro	Горчив
Anice	Анасон
Cannella	Канела
Cardamomo	Кардамон
Cipolla	Лук
Coriandolo	Кориандър
Cumino	Кимион
Curcuma	Куркума
Curry	Къри
Dolce	Сладък
Finocchio	Копър
Gusto	Вкус
Liquirizia	Женско Биле
Paprika	Червен Пипер
Pepe	Пипер
Sale	Сол
Vaniglia	Ванилия
Zafferano	Шафран
Zenzero	Джинджифил

Spiaggia
Плаж

Asciugamano	Кърпа
Barca	Лодка
Barca a Vela	Платноходка
Blu	Син
Costa	Крайбрежие
Dock	Док
Granchio	Рак
Isola	Остров
Laguna	Лагуна
Mare	Море
Oceano	Океан
Ombrello	Чадър
Sabbia	Пясък
Sandali	Сандали
Scogliera	Риф
Sole	Слънце

Sport
Спортни

Allenatore	Треньор
Arbitro	Рефер
Atleta	Спортист
Baseball	Бейзбол
Basket	Баскетбол
Bicicletta	Велосипед
Campionato	Шампионат
Ginnastica	Гимнастика
Giocatore	Играч
Gioco	Игра
Golf	Голф
Hockey	Хокей
Movimento	Движение
Palestra	Гимназия
Squadra	Отбор
Stadio	Стадион
Tennis	Тенис
Vincitore	Победител

Strumenti Musicali
Музикални Инструменти

Armonica	Хармоника
Arpa	Арфа
Banjo	Банджо
Chitarra	Китара
Clarinetto	Кларинет
Fagotto	Фагот
Flauto	Флейта
Gong	Гонг
Mandolino	Мандолина
Marimba	Маримба
Oboe	Обой
Percussione	Ударни
Pianoforte	Пиано
Sassofono	Саксофон
Tamburello	Дайре
Tamburo	Барабан
Tromba	Тромпет
Trombone	Тромбон
Violino	Цигулка
Violoncello	Виолончело

Surf
Сърфинг

Atleta	Спортист
Campione	Шампион
Divertimento	Забавление
Estremo	Екстремни
Folla	Тълпи
Forza	Сила
Meteo	Време
Oceano	Океан
Onda	Вълна
Pagaia	Гребло
Popolare	Популярен
Principiante	Начинаещ
Schiuma	Пяна
Scogliera	Риф
Spiaggia	Плаж
Spray	Спрей
Stile	Стил
Stomaco	Стомах
Velocità	Скорост

Teatro
Театър

Affascinante	Очарователен
Attore	Актьор
Attrice	Актриса
Carisma	Харизма
Commedia	Комедия
Costumi	Костюми
Critica	Критика
Dramma	Драма
Emozione	Емоция
Esecutore	Изпълнител
Musicale	Музикален
Orchestra	Оркестър
Premi	Награди
Pubblico	Публика
Talento	Талант
Tragedia	Трагедия

Tecnologia
Технологии

Blog	Блог
Browser	Браузър
Byte	Байтове
Computer	Компютър
Cursore	Курсор
Dati	Данни
Digitale	Цифров
File	Файл
Font	Шрифт
Internet	Интернет
Messaggio	Съобщение
Ricerca	Изследване
Schermo	Екран
Sicurezza	Сигурност
Software	Софтуер
Statistiche	Статистика
Telecamera	Камера
Virtuale	Виртуален
Virus	Вирус

Tempo
Време

Anno	Година
Annuale	Годишен
Calendario	Календар
Decennio	Десетилетие
Dopo	След
Futuro	Бъдеще
Giorno	Ден
Ieri	Вчера
Mattina	Сутрин
Mese	Месец
Mezzogiorno	Обяд
Minuto	Минута
Notte	Нощ
Oggi	Днес
Ora	Час
Orologio	Часовник
Presto	Скоро
Prima	Преди
Secolo	Век
Settimana	Седмица

Tipi di Capelli
Видове Коса

Asciutto	Сух
Bianco	Бял
Biondo	Руса
Breve	Къс
Calvo	Плешив
Grigio	Сив
Intrecciato	Сплетен
Liscio	Гладка
Lucido	Лъскав
Lungo	Дълго
Marrone	Кафяв
Morbido	Мек
Nero	Черен
Ondulato	Вълнообразни
Riccio	Къдрав
Riccioli	Къдрици
Sano	Здрав
Sottile	Тънък
Spessore	Дебел
Trecce	Плитки

Uccelli
Птици

Airone	Чапла
Anatra	Патица
Aquila	Орел
Cicogna	Щъркел
Cigno	Лебед
Cuculo	Кукувица
Falco	Ястреб
Fenicottero	Фламинго
Gabbiano	Чайка
Oca	Гъска
Pappagallo	Папагал
Passero	Врабче
Pavone	Паун
Pellicano	Пеликан
Piccione	Гълъб
Pinguino	Пингвин
Pollo	Пиле
Struzzo	Щраус
Tucano	Тукан
Uovo	Яйце

Vacanze #2
Почивка #2

Aeroporto	Летище
Campeggio	Къмпинг
Destinazione	Дестинация
Foto	Снимки
Hotel	Хотел
Isola	Остров
Mappa	Карта
Mare	Море
Montagne	Планини
Passaporto	Паспорт
Ristorante	Ресторант
Spiaggia	Плаж
Straniero	Чужденец
Taxi	Такси
Tenda	Палатка
Trasporto	Транспорт
Treno	Влак
Vacanza	Празник
Viaggio	Пътуване
Visto	Виза

Veicoli
Превозни Средства

Aereo	Самолет
Ambulanza	Линейка
Auto	Кола
Autobus	Автобус
Barca	Лодка
Bicicletta	Велосипед
Camion	Камион
Caravan	Каравана
Elicottero	Хеликоптер
Metropolitana	Метро
Motore	Двигател
Pneumatici	Гуми
Razzo	Ракета
Scooter	Скутер
Sottomarino	Подводница
Taxi	Такси
Traghetto	Ферибот
Trattore	Трактор
Treno	Влак
Zattera	Сал

Verdure
Зеленчуци

Aglio	Чесън
Broccolo	Броколи
Carciofo	Артишок
Carota	Морков
Cetriolo	Краставица
Cipolla	Лук
Fungo	Гъба
Insalata	Салата
Melanzana	Патладжан
Patata	Картофи
Pisello	Грах
Pomodoro	Домат
Prezzemolo	Магданоз
Rapa	Ряпа
Ravanello	Репичка
Scalogno	Шалот
Sedano	Целина
Spinaci	Спанак
Zenzero	Джинджифил
Zucca	Тиква

Vestiti
Дрехи

Abito	Рокля
Braccialetto	Гривна
Camicetta	Блуза
Camicia	Риза
Cappello	Шапка
Cappotto	Палто
Cintura	Колан
Collana	Колие
Giacca	Яке
Gonna	Пола
Grembiule	Престилка
Guanti	Ръкавици
Jeans	Дънки
Maglione	Пуловер
Moda	Мода
Pantaloni	Панталони
Pigiama	Пижама
Sandali	Сандали
Scarpa	Обувка
Sciarpa	Шал

Congratulazioni

Ce l'hai fatta!

Speriamo che questo libro vi sia piaciuto tanto quanto a noi è piaciuto concepirlo. Ci sforziamo di creare libri della più alta qualità possibile.
Questa edizione è progettata per fornire un apprendimento intelligente, di qualità e divertente!

Le è piaciuto questo libro?

Una Semplice Richiesta

Questi libri esistono grazie alle recensioni che pubblicate.

Puoi aiutarci lasciando una recensione
ora a questo link ?

BestBooksActivity.com/Recensioni50

SFIDA FINALE!

Sfida n°1

Sei pronto per il tuo gioco gratuito? Li usiamo sempre, ma non sono così facili da trovare - ecco i **Sinonimi!**

Scrivi 5 parole che hai trovato nei puzzle (n° 21, n° 36, n° 76) e prova a trovare 2 sinonimi per ogni parola.

Scrivi 5 parole del **Puzzle 21**

Parole	Sinonimo 1	Sinonimo 2

Scrivi 5 parole del **Puzzle 36**

Parole	Sinonimo 1	Sinonimo 2

Scrivi 5 parole del **Puzzle 76**

Parole	Sinonimo 1	Sinonimo 2

Sfida n°2

Ora che ti sei riscaldato, scrivi 5 parole che hai trovato nei puzzle n° 9, n° 17 e n° 25 e cerca di trovare 2 contrari per ogni parola. Quanti ne puoi trovare in 20 minuti?

Scrivi 5 parole del **Puzzle 9**

Parole	Antonimo 1	Antonimo 2

Scrivi 5 parole del **Puzzle 17**

Parole	Antonimo 1	Antonimo 2

Scrivi 5 parole del **Puzzle 25**

Parole	Antonimo 1	Antonimo 2

Sfida n°3

Grande! Questa sfida non è niente per te!

Pronto per la sfida finale? Scegli 10 parole che hai scoperto nei diversi puzzle e scrivile qui sotto.

1.	6.
2.	7.
3.	8.
4.	9.
5.	10.

Ora scrivi un testo pensando a una persona, un animale o un luogo che ti piace.

Puoi usare l'ultima pagina di questo libro come bozza.

La tua composizione:

_____

_____

_____

_____

_____

_____

_____

_____

TACCUINO:

A PRESTO!

Tutta la Squadra